» João Gilberto Mendes dos Reis

O selo DIALÓGICA da Editora InterSaberes faz referência às publicações que privilegiam uma linguagem na qual o autor dialoga com o leitor por meio de recursos textuais e visuais, o que torna o conteúdo muito mais dinâmico. São livros que criam um ambiente de interação com o leitor – seu universo cultural, social e de elaboração de conhecimentos –, possibilitando um real processo de interlocução para que a comunicação se efetive.

Gestão estratégica de armazenamento

EDITORA intersaberes

Rua Clara Vendramin, 58 – Mossunguê
Curitiba – Paraná – Brasil – CEP 81200-170
Fone: (41) 2106-4170
www.editoraintersaberes.com.br
editora@editoraintersaberes.com.br

Conselho editorial » Dr. Ivo José Both (presidente)
Drª. Elena Godoy
Dr. Nelson Luís Dias
Dr. Neri dos Santos
Dr. Ulf Gregor Baranow

Editora-chefe » Lindsay Azambuja
Supervisora editorial » Ariadne Nunes Wenger
Analista editorial » Ariel Martins
Capa » Laís Galvão dos Santos (*design*)
Fotolia (imagens)
Projeto gráfico » Raphael Bernadelli
Iconografia » Vanessa Plugiti

Dados Internacionais de Catalogação na Publicação (CIP)
(Câmara Brasileira do Livro, SP, Brasil)

Reis, João Gilberto Mendes dos
Gestão estratégica de armazenamento/João Gilberto Mendes dos Reis. Curitiba: InterSaberes, 2015. (Série Logística Organizacional).

Bibliografia
ISBN 978-85-443-0248-4

1. Administração de empresas 2. Logística (Organização) 3. Planejamento estratégico I. Título. II. Série.

CDD-658.4012

15-05868

Índices para catálogo sistemático:
1. Negócios: Gestão estratégica: Administração de empresas 658.4012
2. Planejamento estratégico: Administração de empresas 658.4012

1ª edição, 2015.

Foi feito o depósito legal.

Informamos que é de inteira responsabilidade do autor a emissão de conceitos.

Nenhuma parte desta publicação poderá ser reproduzida por qualquer meio ou forma sem a prévia autorização da Editora InterSaberes.

A violação dos direitos autorais é crime estabelecido na Lei n. 9.610/1998 e punido pelo art. 184 do Código Penal.

Sumário

Dedicatória, 8

Agradecimentos, 9

Apresentação, 11

Como aproveitar ao máximo este livro, 13

Introdução, 17

Logística e cadeia de distribuição, 22
» Cadeias de abastecimento e de distribuição, 24
» Conceito e história da logística, 28
» Atividades logísticas, 36
» Valor da logística para as cadeias de abastecimento e de distribuição, 38

Armazenagem estratégica, 52
- » Armazenagem e logística empresarial, 54
- » Tipos de armazenagem, 59
- » Relação custos *versus* benefícios na armazenagem de produtos, 63

Planejamento das operações de armazenagem, 78
- » Tipos de estruturas de armazenamento, 80
- » Determinando o melhor tipo de estrutura de armazenagem, 90
- » Equipamentos de movimentação, 92
- » Dimensionamento do armazém, 106

Manuseio e conservação de materiais, 116
- » Manuseio de mercadorias, 118
- » Recepção de mercadorias, 123
- » Manuseio e movimentação de mercadorias, 127
- » Expedição de mercadorias, 128
- » Segurança no armazém, 129
- » Utilização dos equipamentos de proteção individual (EPIs) no armazém, 134
- » Armazenamento de produtos perigosos, 137
- » Simbologia de produtos perigosos, 142

Embalagens de armazenagem, 150
- » Embalagens, 152
- » O que são embalagens?, 154
- » Cadeia produtiva da embalagem, 159
- » Embalagem e meio ambiente, 161
- » As embalagens na logística, 168
- » Embalagem na armazenagem, 176

Classificação e tecnologia, 186

» Classificação de materiais, 188
» Sistemas de endereçamento de materiais, 189
» Sistemas de codificação de materiais, 191
» Código de barras, 195
» Radiofrequência identificada (RFID), 200
» Sistemas de gerenciamento de armazenagem (WMS), 202

Para concluir..., 209

Referências, 211

Respostas, 216

Sobre o autor, 221

Anexo, 222

Dedicatória

Dedico esta obra a minha esposa Sivanilza, pois sem sua ajuda e companheirismo eu não teria concluído este livro.

Agradecimentos

Àqueles que lutam todos os dias para trabalhar com a produção de conhecimento neste país.

Aos autores que foram citados neste livro, cujas obras têm inspirado e guiado novos autores.

A toda minha família, pelo suporte que tem me dado, especialmente aos meus filhos, João Raphael e Pedro Henrique, pelos quais luto todos os dias por um mundo melhor.

Seu tempo é limitado, então não o desperdice vivendo a vida de outro. Não seja aprisionado pelo dogma – que é viver com os resultados do pensamento de outras pessoas. Não deixe o barulho da opinião dos outros abafar sua voz interior. E mais importante, tenha coragem de seguir seu coração e sua intuição. Eles, de alguma forma, já sabem o que você realmente quer se tornar. Todo o resto é secundário*.

Steve Jobs (1955 – 2011)

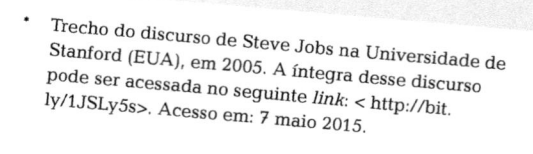

* Trecho do discurso de Steve Jobs na Universidade de Stanford (EUA), em 2005. A íntegra desse discurso pode ser acessada no seguinte *link*: < http://bit.ly/1JSLy5s>. Acesso em: 7 maio 2015.

Apresentação

Este livro é o resultado de muitas pesquisas realizadas ao longo dos anos para ministrar aulas nos cursos de Logística e de Engenharia de Produção. Há tempos tenho trabalhado com aulas nos mais diversos temas relacionados à **logística**, mas ainda não havia surgido a oportunidade de escrever um pouco de tudo que aprendi na vida acadêmica e na prática profissional. A vida me deu essa oportunidade agora.

O conteúdo desta obra foi longamente discutido em diversas salas de aula, com alunos que me ajudaram a consolidar o conhecimento ao longo desses anos e com os quais aprendi muito.

Aqui, você poderá compreender melhor o que é a logística e como ela tem agregado valor aos produtos e serviços no mundo moderno. Sabemos que as distâncias geográficas não são mais barreiras aos mais diversos tipos de itens produzidos em qualquer canto do mundo. Entretanto, isso só pode ocorrer devido à evolução de dois importantes processos: o transporte e a armazenagem.

O transporte interliga os locais de produção aos mercados consumidores e a armazenagem possibilita a guarda temporária de produtos, para escoá-los e comercializá-los no melhor momento – podemos dizer que ela funciona exatamente como a caixa-d'água na sua casa, que possibilita o uso da água no momento que você desejar e reduz o risco de desabastecimento.

Nesta obra, vamos discutir os principais aspectos da armazenagem, apresentando sua dimensão estratégica, seus conceitos e o planejamento das suas operações. Em seguida, mostraremos os equipamentos utilizados e as tecnologias envolvidas nessas atividades. Também analisaremos o importante papel da embalagem em todo o processo logístico e, principalmente, na armazenagem.

O assunto certamente não se esgota com este livro. O que pretendo, no entanto, é que ele sirva como um início para o desenvolvimento do seu conhecimento ao longo dos próximos anos.

Bons estudos!

Como aproveitar ao máximo este livro

Este livro traz alguns recursos que visam enriquecer o seu aprendizado, facilitar a compreensão dos conteúdos e tornar a leitura mais dinâmica. São ferramentas projetadas de acordo com a natureza dos temas que vamos examinar. Veja a seguir como esses recursos se encontram distribuídos no projeto gráfico da obra.

›› Conteúdos do capítulo

Logo na abertura do capítulo, você fica conhecendo os conteúdos que serão abordados.

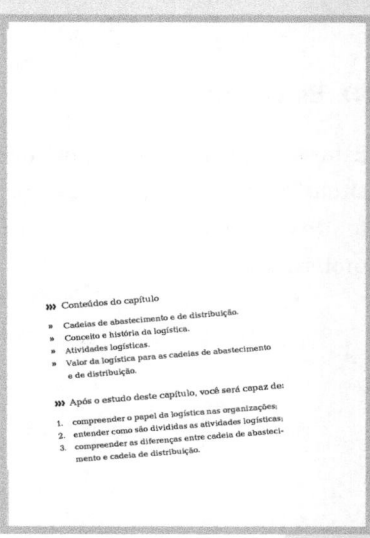

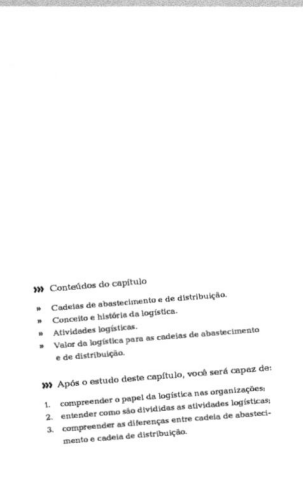

>>> Após o estudo deste capítulo, você será capaz de:

Você também é informado a respeito das competências que irá desenvolver e dos conhecimentos que irá adquirir com o estudo do capítulo.

>>> Estudo de caso

Esta seção traz ao seu conhecimento situações que vão aproximar os conteúdos estudados de sua prática profissional.

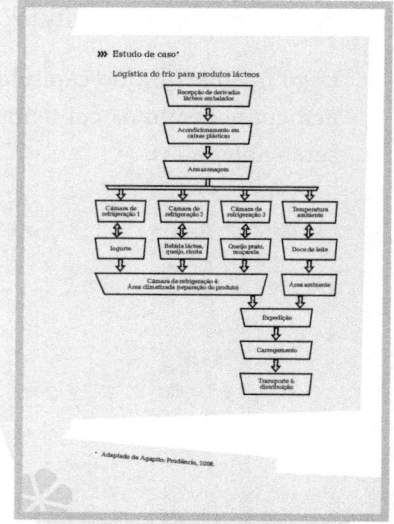

》》 Síntese

Você dispõe, ao final do capítulo, de uma síntese que traz os principais conceitos nele abordados.

》》 Exercício resolvido

A obra conta também com exercícios seguidos da resolução feita pelo próprio autor, com o objetivo de demonstrar, na prática, a aplicação dos conceitos examinados.

》》 Questões para revisão

Com estas atividades, você tem a possibilidade de rever os principais conceitos analisados. Ao final do livro, o autor disponibiliza as respostas às questões, a fim de que você possa verificar como está sua aprendizagem.

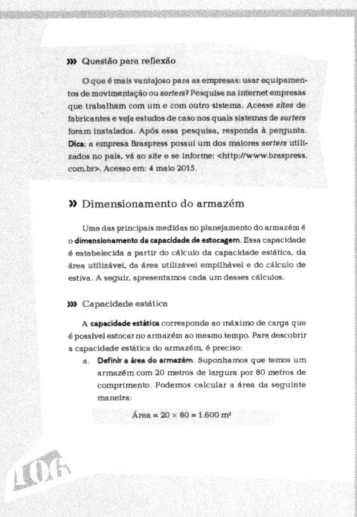

››› Questões para reflexão

Nesta seção, a proposta é levá-lo a refletir criticamente sobre alguns assuntos e trocar ideias e experiências com seus pares.

››› Para saber mais

Você pode consultar as obras indicadas nesta seção para aprofundar sua aprendizagem.

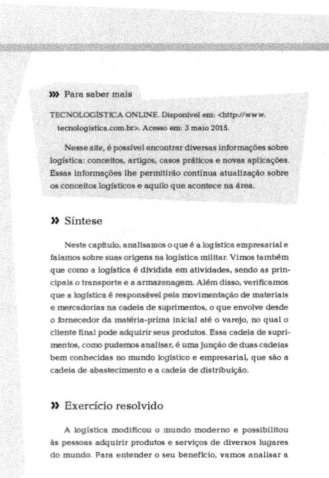

Introdução

A logística empresarial tem sido um dos temas mais comentados e discutidos no século XXI, pois atualmente ela é vista como a última fronteira de redução de custos nas empresas. Este tema que antes era tão pouco conhecido se tornou, então, uma questão de sobrevivência para as organizações.

Desde a Revolução Industrial a produção mundial viveu uma realidade em que a demanda era maior que a oferta e, portanto, qualquer item produzido seria facilmente vendido, pois a população era carente de produtos e serviços. Com o aumento da população, era de se esperar que esse cenário permanecesse e as organizações pudessem continuar a fazer seus produtos e serviços da forma como estavam acostumadas. Entretanto, após a Segunda Guerra Mundial, o mundo mergulhou em um processo de inovação tecnológica e conhecimento, o que ocasionou o aumento da produtividade e a redução de custos, fazendo com que, rapidamente, a oferta começasse a ser maior que a demanda. Certamente, a abertura mundial dos mercados contribuiu muito para isso.

As empresas, nas últimas décadas do século XX, concentraram-se em seu processo produtivo, adotando medidas de flexibilidade, qualidade e redução de custos que as tornassem competitivas nos mercados globais.

Uma vez vencida essa etapa – do aumento da produtividade e da redução dos custos de produção –, a movimentação, o transporte e a armazenagem começaram a ter uma participação maior nos custos produtivos, bem como afetaram a competitividade das empresas.

Desse modo, as organizações se voltaram para as atividades logísticas, como transporte e armazenagem, almejando se tornar competitivas em seus mercados – fosse por meio da eficiência, da redução dos custos ou da geração de valor ao cliente pela logística. Essa mudança fez com que empresas, governos e outros envolvidos se dedicassem ainda mais à logística, que é, hoje, a verdadeira estrela do negócio.

Na busca pela eficiência, as empresas modernas estão voltadas a essas atividades – e é aqui que se enquadra a **gestão estratégica de armazenagem**. Não é mais possível pensar na armazenagem como **custo**; ela precisa, hoje, ser vista como uma

forma de **gerar valor** para o cliente mediante a realização de um serviço logístico ótimo. Dessa forma, a área de armazenagem cada vez mais tem melhores equipamentos de movimentação, estruturas de armazenagem e sistemas de controle de estoque.

Esta obra apresenta a você um pouco da estratégia da armazenagem, os equipamentos de movimentação utilizados, as estruturas de armazenagem, a importância da armazenagem estratégica, as embalagens e os sistemas de informação envolvidos.

Ao final do livro, você entenderá de maneira mais completa por que a armazenagem é tão importante para a competitividade das empresas, podendo, assim, contribuir para a melhoria da área de armazenagem da empresa em que trabalha ou trabalhará no futuro.

O livro conta com várias aplicações práticas, exercícios e estudos de caso que lhe permitirão aprofundar o conhecimento. Lembre-se, todavia, de que este é só o início e, portanto, é importante buscar sempre mais conhecimento, pois é ele que faz o ser humano ir mais longe.

LOGÍSTICA E CADEIA DE DISTRIBUIÇÃO

»»» Conteúdos do capítulo

» Cadeias de abastecimento e de distribuição.
» Conceito e história da logística.
» Atividades logísticas.
» Valor da logística para as cadeias de abastecimento e de distribuição.

»»» Após o estudo deste capítulo, você será capaz de:

1. compreender o papel da logística nas organizações;
2. entender como são divididas as atividades logísticas;
3. compreender as diferenças entre cadeia de abastecimento e cadeia de distribuição.

Todos os itens que adquirimos em estabelecimentos como supermercados, farmácias, panificadoras, revendas de carros etc. só existem devido às operações logísticas que promoveram o deslocamento dos milhares de produtos dos meios de produção até o mercado consumidor, ou seja, até o local em que o consumidor tem acesso a eles. Neste capítulo, vamos verificar mais detalhadamente essa questão, a fim de perceber que a logística é muito mais do que uma operação de transporte: ela envolve um conjunto de atividades que acontecem 24 horas por dia, nos diversos cantos do mundo, para que as pessoas possam comer, vestir-se, divertir-se e realizar os sonhos pelos quais trabalham duramente todos os dias. A logística é essencial para a vida moderna, razão por que uma empresa só pode se considerar competitiva se, efetivamente, for eficaz em seus processos logísticos.

» Cadeias de abastecimento e de distribuição

Você já parou para pensar qual é o caminho do seu pacote de biscoitos favorito até a prateleira do mercado em que costuma comprar? E do refrigerante? É muito prático e cômodo ir até o comércio mais próximo e adquirir seu produto favorito. Mas até esse produto chegar lá, ele passou por inúmeros processos e operações. Essas atividades formam o que denominamos *cadeia de abastecimento* e *cadeia de distribuição*. São essas cadeias, compostas por empresas, pessoas, produtos e serviços, que permitem que tenhamos acesso a qualquer tipo de produto.

Se analisarmos a embalagem do nosso pacote de biscoitos, veremos o nome de um fabricante que recebeu diversas matérias-primas de seus fornecedores e as converteu em biscoitos dentro de uma fábrica, utilizando outros recursos, como máquinas, equipamentos e pessoas. Finalizados, os biscoitos foram empacotados e enviados para suprir os pedidos de diversos supermercados, panificadoras, mercearias e *bonbonnières*, entre outros estabelecimentos nos quais você pode comprá-los.

Veja na figura a seguir como tudo isso se encaixa na cadeia de abastecimento e na cadeia de distribuição.

» **Figura 1.1** – Cadeia de abastecimento e cadeia de distribuição

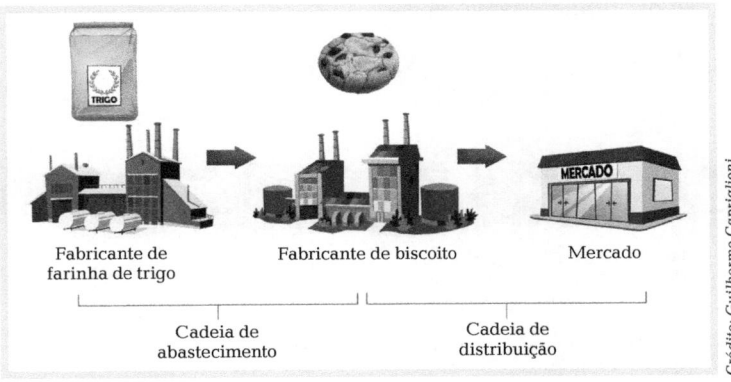

Nessa figura, podemos perceber que a cadeia de abastecimento envolve todos os agentes e as movimentações de matéria-prima, desde os fornecedores até a fábrica de biscoitos. Já a cadeia de distribuição vai do fabricante até o varejo em que se pode adquirir os produtos.

A Figura 1.1 é ilustrativa e apresenta uma configuração simples; porém, essas cadeias podem envolver mais agentes:

por exemplo: o fornecedor de farinha de trigo recebe o trigo de um produtor rural, que faz parte da sua cadeia de abastecimento. Da mesma forma, entre o fabricante de biscoitos e o varejista pode haver a figura do **distribuidor** e a do **atacadista**, que são **intermediários** para facilitar a distribuição, principalmente em locais distantes que não são abastecidos diretamente pelo fabricante, e sim por uma empresa que compra os produtos e os distribui nesses locais junto com produtos de outros fabricantes.

Para que esses processos fiquem mais claros, observe a Figura 1.2, que apresenta a cadeia de abastecimento e a cadeia de distribuição completas.

» **Figura 1.2** – Cadeia de abastecimento e cadeia de distribuição completas

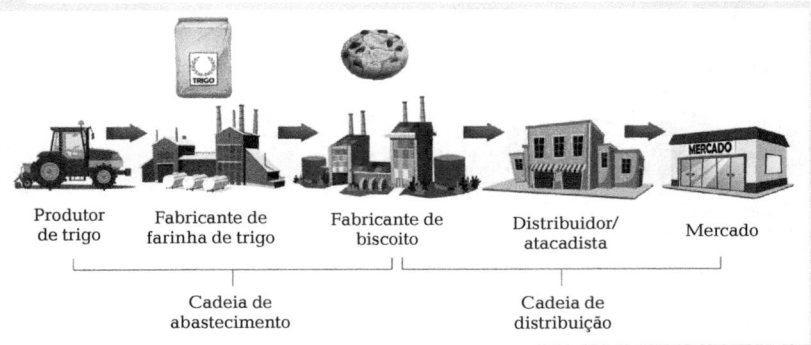

Podemos concluir, então, que o biscoito que compramos no mercado próximo a nossa casa provavelmente deve ter sido entregue lá por um distribuidor que, por sua vez, o adquiriu de um fabricante (cadeia de distribuição). Da mesma forma, o produto só foi fabricado porque o produtor rural que produziu o trigo o vendeu para o fabricante de farinha, que, por sua vez, a forneceu para o fabricante de biscoitos.

Nos últimos anos, o aumento do número de informações distribuídas para os consumidores e a aplicação das tecnologias de informação e comunicação fizeram com que se começasse a entender o **cliente final** – ou seja, nós, consumidores – como o último ponto da cadeia. Isso, de certa forma, faz sentido, pois é o nosso dinheiro que deve remunerar todos os agentes envolvidos e os custos associados à operação.

Assim, cada vez mais compreendemos que as cadeias vão desde a matéria-prima até o consumidor final, formando o que se denomina *cadeia de suprimentos*. Por isso, você provavelmente encontrará em seus estudos autores que dizem que a cadeia de abastecimento e a cadeia de distribuição são sinônimos da cadeia de suprimentos. Todavia, como podemos ver, não é bem assim.

Para facilitar nosso entendimento, vamos definir esses três conceitos básicos:

» **Cadeia de abastecimento** – Consiste no relacionamento entre agentes (atores) que vão desde a origem da matéria-prima até o fabricante final (aquele que comercializa seus produtos ao consumidor final). Essa cadeia envolve o movimento de materiais, informações e valores para o pagamento dos envolvidos.

» **Cadeia de distribuição** – Consiste no relacionamento entre agentes (atores) que vão desde o produto acabado no fabricante final até o ponto de consumo. Essa cadeia envolve o movimento de materiais, informações e valores para o pagamento dos envolvidos.

» **Cadeia de suprimentos** – Consiste no relacionamento entre agentes (atores) que vão desde a origem da matéria-prima até o ponto de consumo, de modo a produzir, distribuir e comercializar produtos e serviços para atender aos requerimentos do cliente final.

Podemos pensar, então, que a **cadeia de suprimentos** é a junção entre a **cadeia de abastecimento** e a **cadeia de distribuição**, cujo objetivo realmente é transformá-las em uma **cadeia única**, fazendo com que as organizações desenvolvam uma visão sistêmica de todo o processo. Isso permite um ganho de sinergia para as empresas, que começam a enxergar os processos de abastecimento e distribuição de maneira conjunta. Até então os custos operacionais e o uso de sistemas de movimentação em transporte não eram compartilhados, o que muda a partir da visão da cadeia de suprimentos. Dessa forma, um veículo de transporte que retirou matéria-prima de fornecedores, ao chegar à fábrica, poderia ser usado para transportar produtos acabados.

> A cadeia de suprimentos é a junção entre a cadeia de abastecimento e a cadeia de distribuição, cujo objetivo realmente é transformá-las em uma cadeia única.

Vamos, a seguir, discutir melhor esse ganho de **sinergia** por meio da logística.

» Conceito e história da logística

Agora que entendemos o conceito de *cadeias de suprimentos*, fica mais fácil discutir o que é a logística. A palavra *logística* tem origem no termo francês *logistique*, utilizado para nomear as operações de movimentação de tropas, armamentos e alimentos no exército francês. No século XVIII, foi estabelecida a figura do *maréchal-des-logis*, para cuidar da logística das operações no reinado de Luís XV.

Considerando essas informações, percebemos que a logística esteve sempre atrelada ao ramo militar e teve origem nos conflitos militares ao longo da história da humanidade. Alexandre, o Grande, lendário rei da Macedônia, é um exemplo disso, pois utilizou novos arranjos militares e novas estratégias logísticas para estender seus domínios do sudoeste da Europa até a Índia no século IV a.C. Entre as inovações militares desenvolvidas por ele estavam as falanges, que eram grandes lanças que permitiam que o exército macedônico atacasse em bloco e estivesse protegido por todos os lados. Entre as estratégias logísticas, as tropas de Alexandre marchavam sem peso, o que possibilitava alcançar até 32 quilômetros por dia, ao invés dos tradicionais cinco quilômetros da época. Para conseguir isso, os armamentos eram transportados por carros e batedores a cavalo, que iam à frente das tropas, saqueando vilas para garantir o alimento dos soldados*.

Desde então, a logística está associada ao ramo militar. O Dicionário Aurélio indica que o termo *logística*:

> *vem do francês* logistique
> *e significa a parte da arte*
> *da guerra do planejamento*
> *e da realização de: a) projeto*
> *e desenvolvimento, obtenção,*
> *armazenamento, transporte,*
> *distribuição, reparação,*
> *manutenção e evacuação de*
> *material para fins operativos*
> *e administrativos; b) recrutamento, incorporação, instrução e adestramento, designação, transporte, bem-estar,*
> *evacuação, hospitalização*
> *e desligamento de pessoal; c)*
> *aquisição ou construção, reparação, manutenção e operação*

* Mais detalhes sobre a importância de Alexandre, o Grande, para o avanço da logística militar podem ser observados na história da logística disponibilizada no *site* Tigerlog (2015).

de instalações e acessó-
rios destinados a ajudar
o desempenho de qualquer
função militar. (Ferreira, 2004,
p. 1225)

Podemos perceber que essa definição trata a logística de modo a atender à questão militar, mas também apresenta ideias da **logística moderna**, quando estabelece as **atividades de obtenção, armazenamento, transporte** etc. para fins operativos.

O auge da logística militar moderna aconteceu na Segunda Guerra Mundial – o primeiro grande conflito militar generalizado ao redor do mundo. A necessidade de transportar soldados e armamentos por longas distâncias ou para outros continentes exigiu um grande conhecimento logístico. Foi por meio da utilização da logística que, inevitavelmente, os alemães conseguiram se manter durante muito tempo no domínio do conflito, e a falta dela foi fator primordial para perderem a guerra. A influência desse papel logístico pode ser contemplada nos seus mais de 2 mil dias de conflito, que são descritos em detalhes no trabalho de Gilbert (2014). A Alemanha tinha rodovias de grande capacidade para escoamento das tropas, além de aviões, navios e submarinos que permitiram atacar diversos países e praticamente dominar a Europa. Entretanto, ao invadir a Rússia, os alemães perceberam que os russos simplesmente eliminaram os alimentos disponíveis e permitiram que o frio se encarregasse dos inimigos. Os soldados alemães, sem comida e sem preparação para aguentar o frio extremo, foram derrotados pela falta de logística na invasão militar.

Da mesma forma que muitas das tecnologias contemporâneas têm origem militar (a internet é um bom exemplo), **a logística empresarial nasceu da logística militar**. Embora logo no início do século XX, em meados de 1901, tenham surgido publicações tratando a questão da logística de materiais, foi só após a Segunda Guerra Mundial que ela ganhou importância efetiva. Os norte-americanos, um dos grandes vencedores do conflito, foram os primeiros a criar cursos de logística empresarial nas universidades de Michigan e Harvard, nos anos 1960. No Brasil, a logística ganhou força no fim dos anos 1970, com o surgimento de associações que começaram a tratar da logística empresarial, como o Instituto de Movimentação de Materiais (Imam), segundo Larrañaga (2008).

Durante os anos 1980, o mundo vivia a necessidade de produzir mais e aprendia com as inovações japonesas para reduzir os custos de produção e armazenagem. Os japoneses implementaram diversas técnicas, como a troca rápida de ferramentas, o uso de sistemas para garantia da qualidade e a redução dos desperdícios e dos estoques. Com base nessas informações, podemos afirmar que **a armazenagem se tornou a primeira grande atividade da logística a ter relevância para as empresas na produção mundial**. Evidentemente que, nos dias atuais, com a evolução da indústria e o aumento da eficiência na gestão da produção, o transporte é que é visto como um elemento-chave para melhoria da logística mundial.

⟫ Conceito de logística empresarial

Há muitos especialistas que propõem definições para a logística empresarial, mas, neste livro, vamos conceituá-la com base na definição de uma associação norte-americana de empresas e profissionais da área, chamada Council of Supply Chain Management Professional (CSCMP, 2015), que, em tradução livre, podemos chamar de "Conselho dos Profissionais de Gerenciamento de Cadeia de Suprimentos". Acrescentaremos, obviamente, nossas análises, conclusões e ideias à definição do CSCMP.

Com base no CSCMP (2015), a *logística empresarial* é a parte da cadeia de suprimentos responsável por planejar, implementar e controlar o fluxo de mercadorias desde a origem até o ponto de consumo de maneira eficiente e eficaz, de modo a garantir a satisfação do cliente final. A logística lida com a obtenção, o transporte, a gestão dos estoques e tudo aquilo que se refere ao fluxo e à manutenção das mercadorias, tanto da matéria-prima quanto dos produtos acabados, com o objetivo de colocar o produto certo, no local certo e no momento certo para que tenha valor ao cliente.

> A logística empresarial é a parte da cadeia de suprimentos responsável por planejar, implementar e controlar o fluxo de mercadorias desde a origem até o ponto de consumo de maneira eficiente e eficaz.

A história da logística pode ser analisada com base em marcos históricos, de acordo com Tigerlog (2015):

» **1901** – A logística foi analisada pela primeira vez de forma acadêmica no artigo *Report of the Industrial Commission on the Distribution of Farm Products*, de John Crowell, que tratava dos custos e dos fatores que afetavam a distribuição dos produtos agrícolas.

» **1941 a 1945** – Período da Segunda Guerra Mundial, em que a logística sofreu uma revolução e entrou em uma fase de refinamento.

» **1956** – Foi criado o contêiner, o atual modelo de logística de transporte de cargas idealizado pelo americano Malcom McLean. Os primeiros contêineres foram utilizados em 1920, exclusivamente no transporte ferroviário; em abril de 1956, o Ideal X, navio utilizado na Segunda Guerra e adaptado por McLean para transportar carga, zarpou do porto de

Newark (Nova Jersey), com destino ao porto de Houston (Texas), carregando 58 contêineres.

» **Início dos anos 1960** – A Michigan State University e a Ohio State University foram as primeiras universidades a ministrar cursos de graduação em logística, devidamente reconhecidos pelo governo norte-americano.

» **1963** – Foi criado o National Council of Physical Distribution Management, alterado posteriormente para Council of Logistics Management e, hoje, mudado para Council of Supply Chain Management Professionals (CSCMP), primeira instituição a congregar profissionais de logística em todas as áreas, com o objetivo de educação e treinamento.

» **Anos 1970 e 1980** – Introdução de diversas técnicas em logística, tais como *Material Requirement Planning* (MRP, ou Planejamento da Necessidade de Material); *Kanban*, caracterizado por cartões, símbolos ou painéis usados no sistema de controle de produção; *Just in Time* (JIT), uma técnica de gestão e controle de materiais, produtos e mercadorias que procura minimizar o nível de estoques das empresas; *Distribution Requirement Planning* (DRP, ou Planejamento das Necessidades da Distribuição); e também o aumento na utilização de computadores, mostrando a eficácia das práticas logísticas e a necessidade de interação entre logística, *marketing*, produção e os demais departamentos da estrutura empresarial.

» **Século XXI** – Utilização continuada e crescimento do uso intensivo da tecnologia da informação (TI) nos processos logísticos.

No Brasil, podemos destacar os seguintes períodos da evolução da logística (Larrañaga, 2008; Tigerlog, 2015):

» **Anos 1970** – Desconhecimento tanto do termo quanto da abrangência da logística. A informática ainda era um mistério e de domínio restrito. Houve algumas iniciativas no setor automobilístico, principalmente nos setores de movimentação e armazenagem de peças e componentes, em função da complexidade de se montar um automóvel. Normalização definida pelo setor energético para embalagem, armazenagem e transportes de materiais.

» **1977** – Foram fundadas a Associação Brasileira de Administração de Materiais (Abam) e a Associação Brasileira de Movimentação de Materiais (ABMM).
» **1979** – Foi criado o Instituto de Movimentação e Armazenagem de Materiais (Imam).
» **Anos 1980** – Foram criadas as primeiras definições e diretrizes com o intuito de diferenciar transportes, distribuição e logística, por meio de um grupo de estudos de logística.
» **1982** – Foram trazidos do Japão os primeiros sistemas modernos de logística integrada, o JIT e o Kanban, desenvolvidos pela Toyota. Em 1983, foi instituída a Norma ABNT/NBR 8252, com a introdução do palete padrão brasileiro, conhecido como PBR. Em 1984, foi criado o Departamento de Logística pela Associação Brasileira de Supermercados (Abras), para discussão e análise do relacionamento entre fornecedores e supermercadistas.
» **1988** – Foi criada a Associação Brasileira de Logística (Aslog) e a Brasil Docks se tornou a primeira operadora logística no país.
» **Anos 1990** – Com o fim da instabilidade econômica e do processo inflacionário e com a criação do Plano Real, em agosto de 1993, as empresas tiveram de modernizar sua gestão para competir em um mercado desprotegido e com a introdução de importantes *players* internacionais. Muitas empresas não resistiram a essas mudanças e foram à falência ou

compradas. Porém, passados os primeiros anos, as empresas que sobrevivem se consolidam e começam a participar também do mercado internacional.

» **Século XXI** – Evolução da informática e da tecnologia de informação (TI), desenvolvimento de *softwares* para o gerenciamento de armazéns, como o *Warehouse Management System* (WMS), o código de barras e os sistemas para roteirização de entregas. Em virtude do crescimento das necessidades logísticas, surgiram, no mercado brasileiro, seis novos operadores logísticos de experiência mundial (Ryder; Danzas – atual DHL; Penske; TNT; Mclane; Exel – atual DPWN), bem como mais de 50 empresas nacionais. Além disso, a evolução da internet causou profundas modificações na forma como as empresas comercializam seus produtos e no papel da logística nas cadeias de suprimentos.

>>> Questão para reflexão

Você já havia pensado sobre as atividades e as ações envolvidas na logística? Tinha conhecimento das cadeias de abastecimento e de distribuição? Vamos refletir um pouco mais: Como você descreveria a logística, as cadeias de abastecimento e de distribuição em uma indústria automobilística? Quais são os fornecedores? Como funciona o varejo? Ele é similar ao nosso exemplo do biscoito?

A **logística** é responsável por todo o **transporte**, a **armazenagem**, a **gestão de estoques** e a **movimentação** entre todos os agentes das cadeias de suprimentos. O nosso foco, neste livro, é a armazenagem, mas a logística envolve uma série de atividades que vamos discutir a seguir.

» Atividades logísticas

A Figura 1.3 resume as atividades nas quais a logística se divide.

» **Figura 1.3** – Atividades logísticas

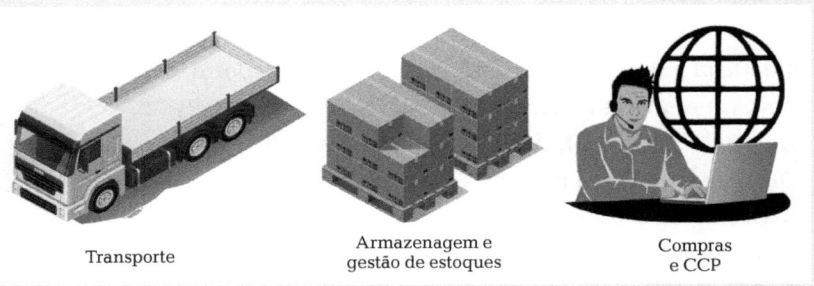

Transporte | Armazenagem e gestão de estoques | Compras e CCP

Crédito: Guilherme Capriglioni

A logística é responsável por todo o transporte, a armazenagem, a gestão de estoques e a movimentação entre todos os agentes das cadeias de suprimentos.

O **transporte** corresponde à atividade logística de movimentação de materiais, que podem ser matérias-primas, componentes, equipamentos e produtos acabados. A operação de transporte ocorre na interface entre os agentes das cadeias de suprimentos. Voltando ao exemplo do nosso pacote de biscoitos, toda a movimentação do trigo da fazenda até o fabricante de farinha, da farinha até o fabricante de biscoitos, bem como dos biscoitos até o atacadista e o varejista é feita pelos transportes. Esses transportes podem ser feitos por meio de caminhões, que é o modo mais comum, ou ainda por trens, navios e aviões. A escolha desses sistemas leva em consideração características como distância, disponibilidade do serviço, valor do produto e operacionalidade do sistema.

É possível dizermos, então, que a **armazenagem** e a **gestão de estoques** são processos **complementares**. O enfoque deste livro está na armazenagem, que trata da guarda dos materiais e das estratégias envolvidas, abrangendo as áreas de armazenagem, o tipo de estrutura a ser utilizado, os veículos que serão usados na movimentação desses materiais, o gerenciamento das informações do recebimento e da expedição de mercadorias, bem como as quantidades armazenadas e suas respectivas datas de entrada e validade. A gestão de estoques por sua vez, controla a informação desses produtos e envolve as regras de guarda de produtos e o controle de quantidades a comprar e a vender.

Já os setores de **Compras** e **planejamento e controle da produção (PCP)** são os responsáveis por alimentar o sistema logístico e controlar o uso de matérias-primas e a expedição dos produtos acabados. A área de compras em uma empresa é responsável por adquirir os materiais que serão usados na fabricação ou, no caso do varejo, por solicitar os produtos que serão ofertados aos clientes. Já a função do PCP é determinar a quantidade de produtos a serem fabricadas e informar todos os materiais que serão necessários à área de compras. Além disso, o PCP é responsável por alocar os materiais a serem estocados dentro da fábrica, bem como controlar a saída destes, além de determinar o fluxo de produção e estabelecer as equipes de venda, a capacidade e o prazo de produção da fábrica.

Podemos, assim, perceber que as atividades logísticas são fundamentais nas empresas. Sem elas, poderíamos esquecer do nosso pacote de biscoito favorito, pois ele jamais chegaria a nossas mãos. Isso é o que chamamos de *valor de produto*, ou seja, uma mercadoria só tem valor se ela puder estar à disposição de quem irá usá-la, consumi-la.

» Valor da logística para as cadeias de abastecimento e de distribuição

Como já vimos, é necessário gerar valor aos clientes fazendo com que os produtos estejam à disposição deles. Por isso, precisamos que as atividades logísticas funcionem de maneira adequada nas empresas. Para melhor tratar essa questão, vamos entender com mais precisão o que vem a ser *valor*.

Segundo Porter (2009), *valor* é a quantia que os compradores estão dispostos a pagar por aquilo que determinada organização fornece a eles. Desse modo, criar valor para os compradores, de maneira a exceder o custo de fazê-lo, é a meta de qualquer estratégia genérica.

Porém, **não podemos confundir *valor* com *custo***, que deve ser sempre menor do que o valor gerado pela empresa ao cliente. Não basta entregar o produto certo, no momento certo, se o custo de fabricá-lo e entregá-lo for maior do que aquilo que o consumidor está disposto a pagar pelo item. A ideia de Porter (2009) é que você deve convencer o cliente de que o produto oferecido vale mais do que o custo gerado de sua produção. Quanto maior for a diferença entre esses dois pontos, maior será o valor gerado.

> Segundo Porter (2009), *valor* é a quantia que os compradores estão dispostos a pagar por aquilo que determinada organização fornece a eles.

Para exemplificar essa situação, imaginemos que determinada fábrica de computadores gastou R$ 500,00 para produzir um *notebook*. O mínimo valor a cobrar seria os mesmos R$ 500,00, para não haver qualquer prejuízo.

Evidentemente, uma empresa objetiva o lucro – afinal, esta é sua atividade-fim. Sendo assim, ela deve cobrar valores maiores que os R$ 500,00, e é aí que entra a **ideia de valor**.

Digamos, agora, que a empresa seja nova no mercado e os clientes tenham pouco conhecimento da sua marca e de seus produtos. Essa empresa, provavelmente, conseguirá convencer menos os seus clientes do valor dos seus produtos e, talvez, possa vender seus *notebooks* por R$ 700,00. No outro extremo, temos uma empresa cuja marca é forte entre os consumidores, sendo reconhecida como geradora de tecnologia e por apresentar produtos de extrema qualidade. Essa empresa, ao contrário da primeira, pode vender seu produto por R$ 1.500, pois, na visão dos consumidores, essa gera maior valor do que a outra. Por isso, atualmente, as empresas estão preocupadas com sua **imagem** perante os consumidores, pois o valor é fundamental para sua lucratividade.

Outra ideia importante que precisamos aprender sobre o valor é que este não está no produto em si, e sim na avaliação que os clientes fazem desse produto. Ele é fruto de uma série de processos desempenhados por um grupo de empresas que se complementam, em termos de serviços, para gerar o produto requerido pelo cliente, ou seja, é o resultado das cadeias de abastecimento e de distribuição.

Como o valor não está nos produtos, e sim no cliente, precisamos entender que estes não compram produtos, mas a satisfação trazida por eles. Por exemplo, quando vamos a uma lanchonete de *fast-food*, não estamos comprando um hambúrguer, mas o sabor e o prazer que ele nos proporciona.

Novaes (2007) explica que as cadeias de abastecimento e distribuição podem ser vistas em uma **cadeia de valor**, que é um conjunto interdependente de empresas e processos que se complementam ao longo da produção para a criação de valor ao consumidor. Por esse motivo, o valor não é criado apenas pelo fabricante do produto que está sendo consumido, mas por toda a sequência de processadores que, de uma forma ou de outra, contribuíram para a disponibilização do produto. Também dentro de cada empresa há várias atividades que contribuem para a geração ou agregação de valor (Porter, 1980, citado por Christopher, 2011), conforme podemos ver na Figura 1.4.

» **Figura 1.4** – Cadeia de valor

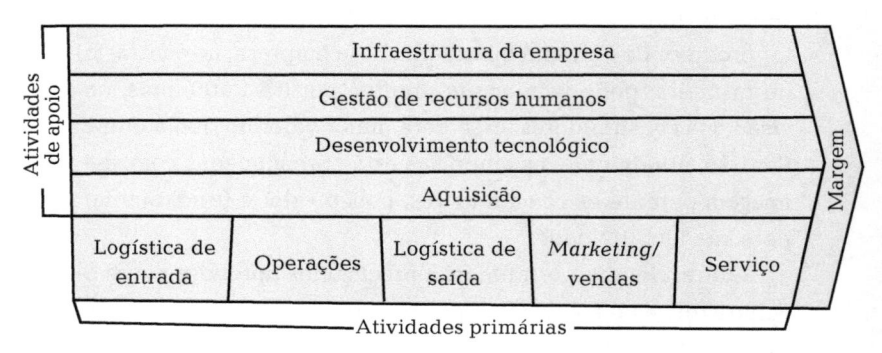

Atividades de apoio	Infraestrutura da empresa					Margem
	Gestão de recursos humanos					
	Desenvolvimento tecnológico					
	Aquisição					
	Logística de entrada	Operações	Logística de saída	*Marketing/ vendas*	Serviço	
	——————— Atividades primárias ———————					

Fonte: Adaptado de Christopher, 2011, p. 13.

Nas cadeias de abastecimento e de distribuição, o valor é gerado por diversas atividades, como logística, operações e *marketing*, e depende da infraestrutura da organização, dos recursos humanos, da tecnologia e do material a ser utilizado. Tudo isso deve envolver fabricantes, fornecedores e varejistas, para que o cliente possa receber o valor gerado.

É por meio de **quatro condições** que o valor é gerado ao cliente: **forma, tempo, lugar** e **posse**. O **valor da forma** é criado pelas atividades produtivas que transformam as matérias-primas em bens que desejamos obter para atender às nossas necessidades. Os **valores de tempo e de lugar** são garantidos pela logística, que é responsável por armazenar, transportar e entregar os produtos nos locais em que iremos comprá-los e no momento em que queremos adquiri-los. O **valor de posse** é criado pelas áreas de *marketing*, que convencem os consumidores da necessidade de adquirir os produtos.

Entender esses aspectos é fundamental ao profissional que pretende atuar na área de logística. A armazenagem estratégica tem papel relevante na geração de valor, pois guarda os produtos para que possam ser transportados no momento e no lugar desejados pelos clientes. Vários exemplos podem ser dados sobre o papel da armazenagem na geração de valor: o valor de um vinho, muitas vezes, é dado pelo tempo que ele tem de produzido – quanto mais antigo ele é, maior é o seu preço. Um produtor de soja que consiga armazenar os grãos certamente conseguirá um preço maior na entressafra do que aquele que não armazenou o produto. A armazenagem, no processo de escoamento de mercadorias, funciona como um pulmão que regula o fluxo de produção com o fluxo de consumo. Ao mesmo tempo, é um elemento estratégico para garantir a estocagem de produtos para venda em períodos mais favoráveis, geralmente épocas de menor concorrência.

> A armazenagem, no processo de escoamento de mercadorias, funciona como um pulmão que regula o fluxo de produção com o fluxo de consumo. Ao mesmo tempo, é um elemento estratégico para garantir a estocagem de produtos para venda em períodos mais favoráveis, geralmente épocas de menor concorrência.

A armazenagem, portanto, deve ser vista como uma forma de gerar valor aos produtos, e não como um mal necessário, que só existe para não deixar faltar determinado item na prateleira, o que ocasionaria a perda do cliente. Ao longo desta obra, mostraremos várias formas de aperfeiçoar a armazenagem e torná-la estratégica às empresas.

>>> Questão para reflexão

Agora que você sabe o que é valor, pense em ações da área de armazenagem para gerá-lo. Busque exemplos na internet e ações de empresas para gerar valor aos clientes. Você concorda com essas ações? Se não, como as empresas deveriam agir?

>>> Estudo de caso*

A General Motors do Brasil e sua rede de suprimentos de peças sobressalentes

Na rede da General Motors (GM) do Brasil, há 472 concessionárias autorizadas, 10 distribuidores autorizados e 9 oficinas autorizadas, somando 491 pontos de venda (PDV). A GM mantém 650 funcionários e 2 centros de distribuição (um em Sorocaba e um contíguo à unidade produtiva nas cercanias de Mogi das Cruzes, todos no Estado de São Paulo) alocados à sua operação de peças para pós-venda no Brasil. Ainda lida com aproximadamente 75 mil itens, sendo 700 deles de alto giro, e 20 plataformas de veículos são suportadas por essa operação.

A relação entre a GM e suas concessionárias sempre foi, de certa forma, marcada pela independência. Similarmente à maioria das redes de suprimento, os vários "nós" sempre foram gerenciados de forma autônoma, favorecendo jogo de soma zero**. Isso levou a uma relação que não poderia ser

---

* Adaptado de Corrêa; Caon, 2009.

** Baseado na Teoria dos Jogos, do matemático norte-americano John Nash, na qual, se dois jogadores adotam as mesmas estratégias, estas se anulam, não gerando vencedor da competição. Imagine que dois jogadores resolvam jogar a brincadeira "Pedra, Papel e Tesoura"; se ambos resolverem estabelecer a estratégia de jogar sequencialmente pedra, tesoura e papel, a brincadeira não tem vencedor, pois as estratégias se anulam. Para saber um pouco mais, você pode consultar o seguinte link: <http://www.cienciadaestrategia.com.br/teoriadosjogos/capitulo.asp?cap=i2>. Acesso em: 7 maio 2015.

caracterizada como, particularmente, cooperativa, e a independência dos modelos gerenciais levou a efeitos indesejáveis, como o chamado *efeito chicote*, pelo qual pequenas variações de demanda a jusante (ou seja, entre o fabricante e o mercado consumidor da rede) causam variações crescentes nas demandas sentidas por eles mais a montante (ou seja, entre o fabricante e o fornecedor primário da rede). Mesmo que a demanda a jusante – dada pela taxa segundo a qual o cliente final compra do varejista (PDV) – seja razoavelmente estável, por item, a demanda percebida pelo centro de distribuição de peças da GM (montadora) é dependente dos sistemas de gestão e das políticas de estoques dos PDVs. Considerando cada um dos itens, se políticas de ponto de reposição (também chamadas de *ponto de pedido*) são utilizadas, os sistemas das concessionárias usarão alguma lógica de dimensionamento econômico de lotes para se beneficiar de economias de escala nos custos logísticos entre eles e o centro de distribuição. Isso significa que os sistemas de reposição esperarão até que os pontos de reposição sejam atingidos para, então, liberar pedidos de compra (pedidos de ressuprimentos, do tamanho dos lotes econômicos). Isso significa que a demanda "bem-comportada" do cliente final se torna, na camada de fornecedores a montante, uma demanda aos saltos em que demanda zero é percebida entre ressuprimentos e um "salto" é percebido no ressuprimento.

Pense, agora, em 491 pontos de venda, com seus sistemas de gestão de estoques liberando pedidos em momentos e quantidades independentemente definidos. Você notará, sem dificuldades, que a demanda percebida pelo centro de distribuição se tornará oscilante, de forma quase aleatória. Considere agora que o centro de distribuição também tem suas políticas e seus sistemas de estoque definidos independentemente. Você verá um efeito chicote sendo repassado com intensidade amplificada para os fornecedores, para os fornecedores dos fornecedores e assim por diante, isso porque o efeito amplificado é percebido como aleatório. O que normalmente acontece é que os nós da rede aumentam seus estoques de segurança para fazer frente a essa aleatoriedade. Tudo causava um acréscimo substancial de custos para toda a cadeia, com repercussões negativas no preço percebido pelo cliente final, e isso acarretava uma relativamente pequena participação das peças genuínas da GM (carregam a marca General Motors independentemente de terem ou não sido fabricadas por unidades produtivas da GM) no mercado de peças de reposição para sua frota de veículos. Com essa constatação, a GM disparou uma iniciativa para alterar substancialmente a forma de gerenciar sua rede de suprimentos, em um projeto nacional chamado *AutoGIRO*, que se baseia nos seguintes princípios:

1. Gerenciamento do estoque das concessionárias

Isso faz sentido nessa situação porque a GM, sendo o denominador comum da rede de suprimentos, é o único ator na rede que pode, de fato, ver a demanda agregada dos 491 concessionários.

2. Proteção contra obsolescência e falta de peças

O AutoGIRO garante que as concessionárias que aceitarem as sugestões de ressuprimento estejam protegidas contra a obsolescência das peças. Isso é feito com a possibilidade de os concessionários devolverem qualquer peça que passe nove meses sem venda, a qual entra numa lista que permite aos concessionários revender a peça para a GM.

3. Provisão de um "localizador de peças" com base na internet

Para que a GM possa gerenciar os estoques dos concessionários e prover reposição automática, ela precisava ter um fluxo contínuo e atualizado de informações sobre a posição de estoques de cada item em cada concessionário.

4. Ressuprimento feito duas, três ou cinco vezes por semana, dependendo do volume da demanda do concessionário

No caso mais favorável do AutoGIRO, em que o ressuprimento por item pode ser feito até cinco vezes por semana, as reposições serão realizadas numa quantidade de 1/20 da demanda mensal, levando o estoque médio de ciclo a ser em torno de 1/40 da demanda mensal. É uma grande redução feita possível, porque o AutoGIRO reconhece que os itens não são independentes, pois há uma dependência horizontal entre eles: são fornecidos pelo mesmo fornecedor para os mesmos clientes.

5. Sistema de gestão de estoques de revisão periódica

Para permitir que as economias de escala logística sejam obtidas, é necessário que o ressuprimento de todos os itens de um concessionário seja feito no mesmo instante, em intervalos regulares.

Todas essas medidas tornaram eficiente a rede de distribuição de peças da GM, reduziram os custos operacionais e diminuíram o risco de perdas por obsolescência de peças na rede.

Após todas essas informações, você saberia dizer se a cadeia de suprimentos de peças da GM gera valor ao cliente com o AutoGIRO? Justifique.

»» Para saber mais

TECNOLOGÍSTICA ONLINE. Disponível em: <http://www.tecnologistica.com.br>. Acesso em: 3 maio 2015.

Nesse *site*, é possível encontrar diversas informações sobre logística: conceitos, artigos, casos práticos e novas aplicações. Essas informações lhe permitirão contínua atualização sobre os conceitos logísticos e aquilo que acontece na área.

» Síntese

Neste capítulo, analisamos o que é a logística empresarial e falamos sobre suas origens na logística militar. Vimos também que como a logística é dividida em atividades, sendo as principais o transporte e a armazenagem. Além disso, verificamos que a logística é responsável pela movimentação de materiais e mercadorias na cadeia de suprimentos, o que envolve desde o fornecedor da matéria-prima inicial até o varejo, no qual o cliente final pode adquirir seus produtos. Essa cadeia de suprimentos, como pudemos analisar, é uma junção de duas cadeias bem conhecidas no mundo logístico e empresarial, que são a cadeia de abastecimento e a cadeia de distribuição.

» Exercício resolvido

A logística modificou o mundo moderno e possibilitou às pessoas adquirir produtos e serviços de diversos lugares do mundo. Para entender o seu benefício, vamos analisar a seguinte hipótese: sua empresa precisa adquirir um determinado tipo de matéria-prima, a qual pode ser comprada no Brasil por R$ 1.000,00 a tonelada + 10% de transporte; como alternativa, você pode adquirir essa mesma matéria-prima na China por R$ 450,00 a tonelada, com um custo de transporte de 20% e uma taxa de importação de 10%. Na sua opinião, qual é o melhor local para adquirir a matéria-prima?

Solução:
Para resolver o problema, o primeiro passo é comparar os dois cenários em uma tabela e calcular o valor dos percentuais e do custo total.

	Brasil	China
Valor por tonelada de matéria-prima	R$ 1.000,00	R$ 450,00
Transporte	10% (1.000 × 0,10 = R$ 100,00)	20% (450 × 0,20 = R$ 90,00)
Taxa de importação	R$ 0,00	10% (450 × 0,10 = R$ 45,00)
Total	R$ 1.100,00 (1.000 + 100)	R$ 585,00 (450 + 90 + 45)

Para solucionar o problema, faça uma comparação da diferença percentual:
Diferença percentual = 585 × 100 / 1.000 = 58,5%
A **resposta** justificada fica da seguinte forma:
Sendo assim, o **melhor local** para adquirir a matéria-prima **é a China**, pois lá o custo é **58,5% menor** que no Brasil. É preciso, no entanto, analisar o tempo de atendimento e a estrutura da empresa para possibilitar o armazenamento de matéria-prima que lhe permita esperar o tempo de reposição da China.

» Questões para revisão

1) O que é a *logística empresarial*?

2) Qual a relação entre as cadeias de abastecimento e de distribuição e a logística?

3) Considere as informações destacadas a seguir:
   I. A logística gera valor ao cliente por meio de tempo e lugar.
   II. As cadeias de abastecimento e de distribuição podem ser vistas como uma única cadeia chamada *cadeia de suprimentos*.
   III. A produção não gera valor ao produto.

Estão corretas as informações:
a. I.
b. II.
c. I e III.
d. I e II.
e. I, II e III.

4) Indique a alternativa em que todas as opções correpondem a atividades logísticas:
   a. Rastreamento, condicionamento, reposição.
   b. Transporte, armazenagem & gestão de estoques, compras & PCP.
   c. Transporte, condicionamento e reposição.
   d. Armazenagem & gestão de estoques, transporte e condicionamento.
   e. Análise, transporte, compras & PCP.

5) Verifique a que conceito se refere a seguinte definição: consiste no relacionamento entre agentes (atores) que vão desde o produto finalizado no fabricante final até o ponto de consumo. Essa cadeia envolve o movimento de materiais, informações e valores para o pagamento dos envolvidos:
   a. Logística.
   b. Cadeia de suprimentos.
   c. Cadeia de distribuição.
   d. Cadeia de abastecimento.
   e. Transporte.

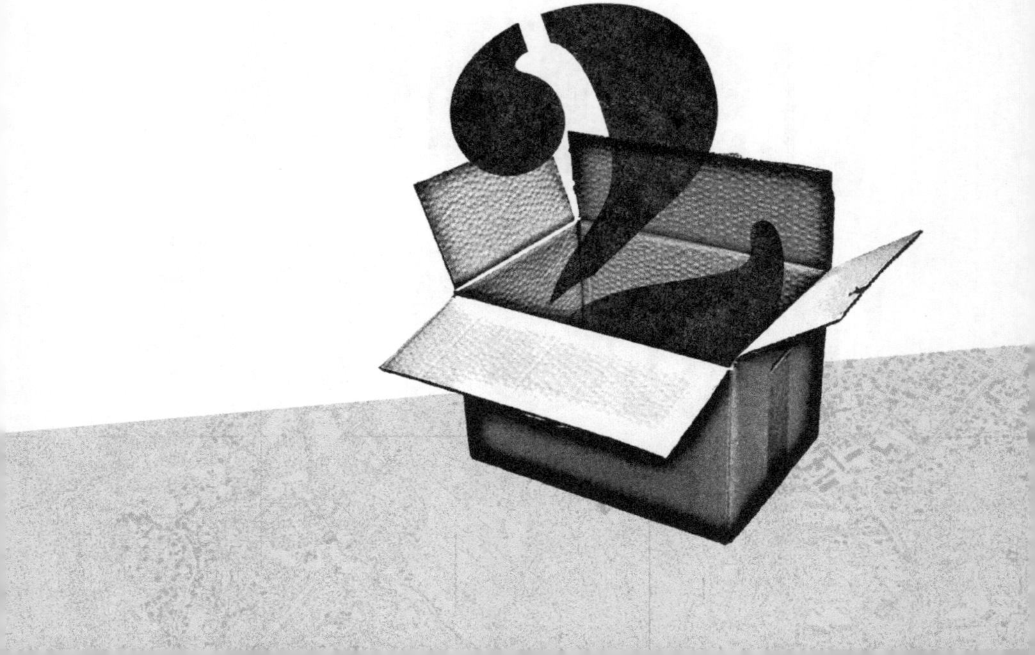

ARMAZENAGEM ESTRATÉGICA

》》 Conteúdos do capítulo

» Armazenagem e sua relação com a logística.
» Tipos de armazenagem.
» Custos relacionados à armazenagem.

》》 Após o estudo deste capítulo, você será capaz de:

1. compreender o papel da armazenagem estratégica;
2. realizar diversas operações nos armazéns para alcançar melhorias nas cadeias de abastecimento e de distribuição;
3. entender os principais benefícios e custos referentes à armazenagem.

Um dos grandes entraves para a produção mundial, durante muitos anos, foi a guarda adequada dos produtos para consumo posterior e comercialização. Assim, o ser humano passou a se concentrar em desenvolver maneiras de conservar os alimentos por mais tempo, evitando a deterioração e a contaminação que influenciam diretamente na saúde humana. O desenvolvimento da tecnologia, principalmente no século XX, fez com que se desenvolvessem sistemas de refrigeração, sementes geneticamente modificadas, sistemas de armazenagem vertical e horizontal, bem como um conjunto de outras inovações que têm beneficiado a humanidade pelo maior aproveitamento dos alimentos e pela capacidade de estocar diversos produtos, o que reduz o preço final das mercadorias aos consumidores e o tempo de espera. Imagine se, para tudo aquilo você quisesse adquirir, fosse necessário encomendar e esperar ser produzido? Certamente a vida seria muito complicada. Neste capítulo, vamos analisar o papel estratégico da armazenagem e seus principais conceitos, com o objetivo de compreender melhor essa importante atividade logística.

» Armazenagem e logística empresarial

A armazenagem é uma atividade das mais antigas exercidas pela humanidade. Há, inclusive, menções de armazenagem em histórias bíblicas, como a de José (livro de Gênesis, capítulo 41), que interpretou os sonhos do faraó no Egito – sendo esta a primeira citação sobre a necessidade de armazenagem em larga escala que se conhece. Em resumo, o faraó sonhou que estava em pé, junto ao rio Nilo, quando dele saíram sete vacas gordas e sete vacas magras. Depois, as sete vacas magras comeram as vacas gordas. O faraó acordou e, em seguida, dormiu novamente. Dessa vez, sonhou que sete espigas de trigo graúdas cresciam no mesmo pé. Logo depois, brotaram sete espigas mirradas. Da mesma forma, as espigas mirradas engoliram as espigas graúdas. O faraó acordou e, pela manhã, mandou os magos e os sábios interpretarem o sonho. Contudo, os magos e os sábios não foram capazes de interpretá-lo. Quando o faraó ficou sabendo das habilidades do jovem hebreu José, este foi chamado às pressas. José interpretou os sonhos como sendo sete anos de fartura no Egito e sete anos de fome. Desse modo, sugeriu ao faraó que armazenasse os produtos na época de fartura para garantir que tivessem alimento no momento de escassez.

A armazenagem responde, em média, por 10% a 40% dos custos logísticos (Pozo, 2010), razão por que é grande sua importância nas operações logísticas. Como vimos no capítulo anterior, para que um produto qualquer possa chegar as nossas mãos, ele precisa passar por várias operações de transporte e armazenagem.

Mas como podemos definir *armazenagem*?

Rodrigues (2007) explica que a armazenagem gerencia eficazmente o espaço tridimensional de um local adequado e seguro, colocado à disposição para a guarda de mercadorias que serão movimentadas rápida e facilmente, com técnicas compatíveis às respectivas características, preservando a sua integridade física e entregando-a a quem de direito no momento aprazado. Em uma linguagem mais simples, Ballou (2006) estabelece que a armazenagem é a parte da logística responsável pela guarda temporária de produtos em geral (acabados, matérias-primas, insumos, componentes etc.). Assim, toda vez que guardamos materiais, componentes e produtos em uma área

> A armazenagem responde, em média, por 10% a 40% dos custos logísticos, razão por que é grande sua importância nas operações logísticas.

determinada para posterior utilização, estamos realizando o processo de armazenagem.

Embora a armazenagem seja um processo logístico presente nos diversos agentes das cadeias de abastecimento e de distribuição, ela se encontra em maior volume nos fabricantes, atacadistas e varejistas. Isso se deve ao fato de estes serem os locais no qual se encontram, em geral, os produtos acabados.

Esse processo sempre foi visto como um mal necessário, ou seja, existe porque não pode ser eliminado. Os japoneses, ao estudarem as empresas norte-americanas da segunda metade do século XX, entenderam que esse mal gerava um custo muito alto para as empresas, o que comprometia a saúde financeira delas. Assim, estabeleceram que a armazenagem de produtos devia ser reduzida ao máximo. Em uma metodologia que ficou conhecida no Ocidente como *Just in Time* (JIT) – que, em tradução livre, podemos dizer que significa "bem na hora" ou "no momento certo" –, procurava-se a redução dos estoques por meio do treinamento dos fornecedores, contratos de parcerias e de longo prazo, além de sincronismo entre as operações, para que os componentes e os materiais dos fornecedores fossem entregues bem no momento da fabricação.

É claro que o JIT exige o sincronismo das operações, o que depende de vários fatores externos, como transporte, eliminação de imprevistos e redução do risco de falta de matéria–prima. Entretanto, isso fez com que as empresas japonesas que trabalhavam com rigorosos padrões de qualidade conseguissem reduzir seus custos e se tornassem competitivas nos diversos mercados globais.

Atualmente, a armazenagem é vista como uma estratégia das empresas na qual, como já vimos, busca-se gerar valor para o cliente. Dizemos que ela deve ser mantida toda vez que consiga gerar valor ao cliente. Por outro lado, toda vez que ela não possa gerar valor ao cliente – apenas custos –, devemos considerar reduzi-la ou eliminá-la.

Embora isso pareça complexo, não o é. Assim, o gestor, em uma operação logística, apenas deve investigar quais operações estão gerando valor ao seu cliente – ou seja, quais podem ser repassadas ao cliente e aceitas por ele e quais operações reduzem a margem de lucratividade, aumentando os custos de fabricação.

A armazenagem gera, nas empresas, a necessidade de espaço físico disponível para guarda de materiais, o que se dá pelos fatores que veremos a seguir.

>>> Desconhecimento da demanda

Se a demanda por produtos fosse conhecida com exatidão, sem necessidade de correções, não haveria necessidade de se manter espaço físico para armazenagem dos produtos, pois seria fabricado apenas o que os consumidores estivessem dispostos a comprar. Quando as empresas tentam convencer os clientes a esperar para receber um produto, comprando os itens sob encomenda, há uma redução drástica dos estoques e, por consequência, das áreas de armazenagem.

> O gestor, em uma operação logística, deve investigar quais operações estão gerando valor ao seu cliente.

>>> Coordenação entre oferta e demanda

Uma das principais regras do mercado é a lei da oferta e da demanda. Se a oferta é maior que a demanda, o preço dos produtos cai; do contrário, se a demanda for maior que a oferta, o preço dos produtos sobe. Embora seja interessante para as empresas um cenário de demanda maior do que de oferta, elas com frequência convivem com o cenário adverso, no qual a oferta é maior que a demanda. O ideal é utilizar a armazenagem para sincronizar a produção ao consumo de mercado, de modo a tornar esse fluxo contínuo.

⟫ Redução dos custos de transporte

Os custos de transporte estão relacionados ao número de entregas e à lotação dos veículos transportadores. Se uma empresa adota a política de receber menos entregas, porém com um volume maior de mercadorias, os custos de transporte serão menores; entretanto, haverá uma elevação dos custos de armazenagem em função da utilização maior de espaço pelas mercadorias. A armazenagem é importante para a redução desses custos, sempre que sejam menores do que o incremento no espaço físico para armazenamento. A relação do transporte com a armazenagem é vista como um *trade-off* no qual o aumento do custo de armazenagem, devido ao maior número de itens estocados, reduz os custos de embarque e vice-versa, como é possível observar na Figura 2.1. Sendo assim, uma boa estratégia logística deve analisar os custos totais do processo – ou seja, o somatório do custo de armazenagem adicionado ao custo de transporte – e encontrar o ponto de equilíbrio que permita o menor custo total de operação.

» **Figura 2.1 –** *Trade-off*: transporte *versus* armazenagem

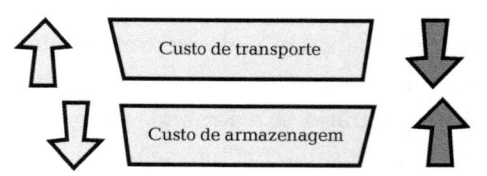

›› Redução dos custos de produção

Ter linhas de produção para fabricar os diversos componentes tornaria os produtos muito caros. Para evitar isso, utilizamos a armazenagem para guardar matéria-prima e componentes de fornecedores, bem como outros materiais, aguardando serem processados na mesma linha de produção.

›› Considerações de *marketing*

Do ponto de vista comercial, os produtos devem estar à disposição dos clientes no menor tempo possível. Para conseguir isso, são desenvolvidas instalações de armazenagem conhecidas como *centros de distribuição*, que são usualmente localizados próximos aos mercados consumidores para a entrega dos produtos no menor tempo possível. Isso é necessário para manter as empresas competitivas.

›› Tipos de armazenagem

Os produtos são armazenados com as mais diversas finalidades e com características próximas, que definem o **tipo de armazém**. Desse modo, dividimos os tipos de armazéns de acordo com os tipos de produtos, conforme veremos a seguir.

›› Matéria-prima

Matérias-primas são materiais fundamentais para o processo de transformação das empresas, pois são elementos necessários à fabricação dos itens que utilizamos no nosso dia a dia (Figura 2.2). Entre os diversos tipos de matérias-primas, temos minério de ferro, chapas de aço, grãos, areia etc.

» **Figura 2.2** – Exemplos de matérias-primas

Chapas de aço   Tubos de alumínio   Areia reciclada

Crédito: Fotolia

❯❯❯ Materiais auxiliares

Materiais auxiliares são itens e materiais que auxiliam no processo de transformação (Figura 2.3). Abrangem desde equipamentos de segurança ao trabalhador a solventes usados no processo de fabricação industrial, entre outros.

» **Figura 2.3** – Exemplos de materiais auxiliares

Equipamentos de segurança   Tintas e solventes   Produtos de limpeza

Crédito: Fotolia

>>> Materiais e ferramentas de manutenção
e operação

Materiais e ferramentas de manutenção e operação são utilizados para realizar o processo de fabricação, operação dos equipamentos fabris e administração, como ferramentas e materiais de escritório (Figura 2.4).

» **Figura 2.4** – Exemplos de materiais e ferramentas de manutenção e operação

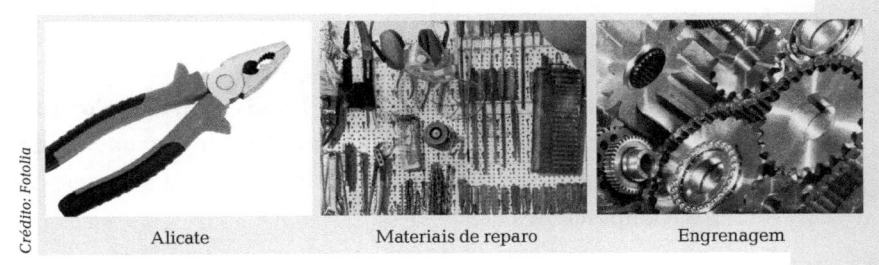

Alicate   Materiais de reparo   Engrenagem

Crédito: Fotolia

>>> Materiais em processo

Materiais em processo são armazenados como parte do processo de produção e muito conhecidos pela sua denominação em inglês: *Work in Process* – WIP (Figura 2.5). Podemos citar como exemplos uma tela de cristal líquido que aguarda para ser utilizada em um televisor ou um vinho que é armazenado para fermentação.

» **Figura 2.5** – Exemplos de materiais em processo

| Vinho | Tela de cristal líquido | Motor |

Crédito: Fotolia

››› Produtos acabados

Produtos acabados são aqueles itens considerados finalizados, ou seja, que têm a destinação para o consumidor (Figura 2.6). Podemos incluir, aqui, itens como televisores, carros, computadores etc.

» **Figura 2.6** – Exemplos de produtos acabados

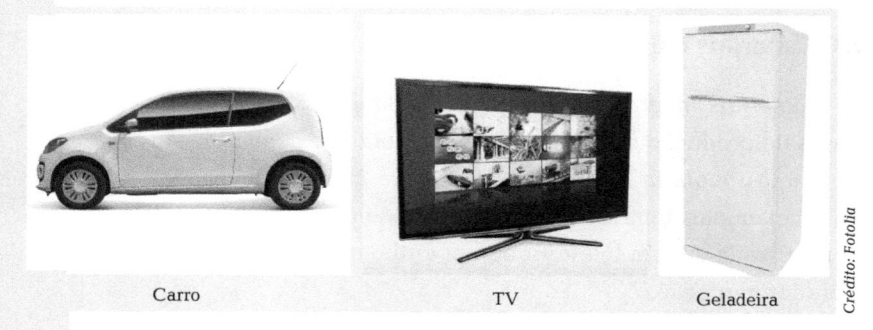

| Carro | TV | Geladeira |

Crédito: Fotolia

❯❯ Relação custos *versus* benefícios na armazenagem de produtos

Como já vimos neste livro, a armazenagem tem um importante papel nas cadeias de abastecimento e de distribuição, embora seja responsável por pesados custos logísticos. Para entendermos melhor esse papel, vamos analisar detalhadamente esses **benefícios** e os **custos da armazenagem**.

❯❯❯ Benefícios

Os armazéns, além de guardar os produtos a serem vendidos e entregues aos clientes no momento certo, podem realizar uma série de atividades que trazem benefícios às operações logísticas, como as apresentadas na sequência.

❯❯❯❯ *Consolidação de cargas*

O primeiro desses benefícios é a **consolidação de cargas**, que consiste no recebimento de diversas matérias-primas, componentes e produtos acabados que são combinados para um único destino.

» **Figura 2.7** – Consolidação de cargas

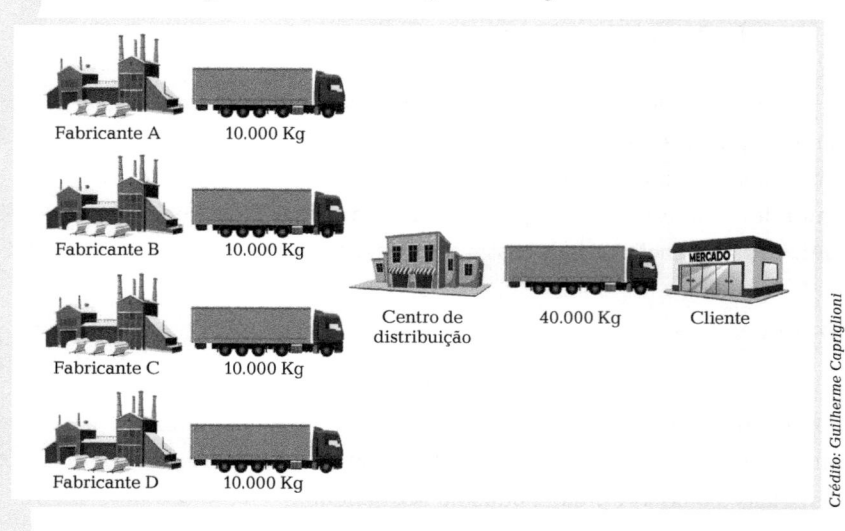

Fabricante A	10.000 Kg
Fabricante B	10.000 Kg
Fabricante C	10.000 Kg
Fabricante D	10.000 Kg

Centro de distribuição — 40.000 Kg — Cliente

Crédito: Guilherme Capriglioni

Como podemos ver na Figura 2.7, os quatro carregamentos foram transportados até um armazém. Neste, passaram por uma operação de transbordo, que é a retirada dos materiais dos veículos que traziam a mercadoria para o novo caminhão, que irá transportar a mercadoria até o seu destino final.

Um exemplo prático dessa operação é realizado pela rede de supermercados Dia. Essa empresa consiste em uma rede de pequenos varejistas franqueados, que adquirem os produtos diretamente da rede franqueadora, a Dia. Eles possuem um armazém na cidade de Guarulhos (São Paulo), onde recebem os carregamentos dos diversos fornecedores. Nesse depósito, as cargas são armazenadas e, depois, são consolidadas em carregamentos com mercadoria mistas, que são transportadas às lojas da rede. Isso reduz os custos de transporte e facilita o processo de reposição das lojas. Outras vantagens que podemos destacar são:

- » **Redução das tarifas de frete** – Em vez de a cadeia de distribuição pagar diversos fretes para a entrega de certa quantidade de produtos, utiliza menos veículos para transportar a mesma quantidade de cargas.
- » **Entregas em tempo hábil e controladas** – Com a consolidação de cargas no armazém, são reduzidos os tempos de entrega das mercadorias para os clientes e é possível estabelecer janelas de entregas controladas.
- » **Redução do congestionamento nas docas de recebimento dos clientes** – A redução do número de veículos elimina as filas de caminhões que geralmente se formam para entregar as mercadorias aos clientes, principalmente em grandes varejistas, como supermercadistas, que têm em suas prateleiras milhares de itens estocados.
- » **Economias de escala** – Consiste em uma das maiores vantagens, uma vez que veículos transportando abaixo de sua capacidade geram altos custos para as cadeias de abastecimento e de distribuição.

»»» *Desconsolidação de cargas*

Outro benefício dos armazéns é a **desconsolidação de cargas**, ou seja, é o inverso da consolidação. Isso consiste em receber mercadorias em uma única remessa e redespachar essas mercadorias para múltiplos destinos, gerando economias de escala.

» **Figura 2.8** – Fracionamento de cargas (desconsolidação)

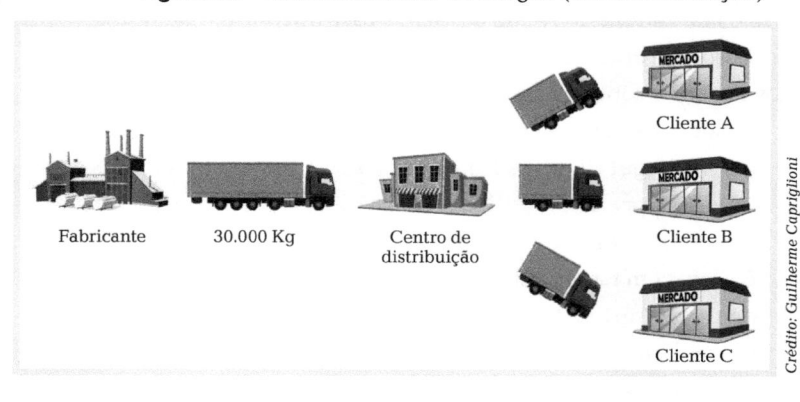

Fabricante — 30.000 Kg — Centro de distribuição — Cliente A / Cliente B / Cliente C

Crédito: Guilherme Caprigtioni

Como podemos observar na Figura 2.8, um carregamento de um determinado fabricante é encaminhado para um depósito no qual a mercadoria é separada e colocada em caminhões de menor capacidade com destinos diferentes. As principais vantagens desse tipo de operação são:

» **Redução das tarifas de frete de entrada** – Em vez de as mercadorias saírem direto para os clientes finais em veículos menores, elas seguem em caminhões maiores até o depósito que se encontra, geralmente, na cidade de destino. A mercadoria é dividida nesse depósito e segue em caminhões e veículos adequados para os centros urbanos.

» **Redução do tamanho do pedido do cliente** – Os clientes, anteriormente, precisavam fazer pedidos maiores para que as entregas pudessem ser economicamente viáveis. Com a desconsolidação realizada nos armazéns, torna-se viável entregar pequenos pedidos.

» **Entregas em tempo hábil e sob controle** – Os mesmos benefícios de tempo de entrega e das janelas controladas, possibilitadas no processo de consolidação, também se aplicam à desconsolidação.

Esse tipo de operação também recebe o nome de *fracionamento* nas operações logísticas.

»»» Cross-docking

O terceiro benefício gerado pelos armazéns é a possibilidade de se realizar operações de *cross-docking*, que pode ser utilizado tanto em conjunto com operações de consolidação como de desconsolidação de cargas. O termo pode ser traduzido livremente como "cruzar a doca". O que o diferencia das duas outras operações é o fato de que as mercadorias que chegam ao armazém não podem ser armazenadas por mais de 24 horas. Isso exige que as operações sejam viabilizadas com rapidez de transbordo entre o veículo que chega e o veículo que irá levar a mercadoria.

Suas principais vantagens são (Ballou, 2006):
» redução das tarifas de frete de entrada;
» redução do tamanho do pedido do cliente;
» entregas em tempo hábil e controladas;
» redução do congestionamento nas docas de recebimento dos clientes.

Uma empresa que deseja adotar uma operação de *cross-docking* em seus armazéns deve considerar os seguintes critérios:
» no momento do recebimento da mercadoria, deverá saber o local de destino dela;
» os clientes devem estar preparados para receber o material de forma imediata.

> No *cross-docking*, as mercadorias que chegam ao armazém não podem ser armazenadas por mais de 24 horas.

»»» Combinação

Outro benefício gerado pelos armazéns é a operação de **combinação**, que consiste no uso das instalações na qual diversas cargas de fabricantes são recebidas e combinadas para múltiplos destinos.

» **Figura 2.9** - Combinação

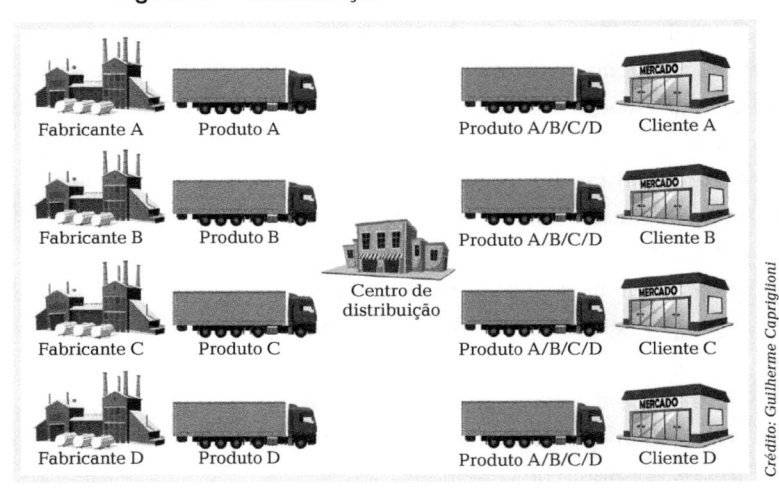

Crédito: Guilherme Capriglioni

A ideia da combinação, mostrada na Figura 2.9, consiste em diversos fornecedores de clientes em comuns despacharem seus produtos para um centro de distribuição e, neste, as cargas são reunidas em caminhões diferentes, que levam os produtos combinados dos diversos fabricantes para todos os clientes dessas empresas, permitindo uma sinergia nas operações. As vantagens do uso da combinação são:

» possibilitar a redução dos custos de transporte;
» permitir que as remessas de maior volume dos componentes sejam coletadas em único ponto.

⟫⟫⟫ Montagem

A **montagem** é outro benefício das operações de armazenagem, cujo objetivo é apoiar operações da manufatura. Consiste em receber uma variedade de materiais de fornecedores secundários e os montar nos armazéns, que geralmente são localizados nas proximidades das fábricas.

Um exemplo desse tipo de operação é realizado por uma importante fabricante de caminhões no Brasil. A fornecedora de pneus recebe diretamente as rodas dos fornecedores da fabricante de caminhões, faz a montagem no pneu e encaminha tudo diretamente para a linha de montagem da fabricante. Esse processo de montagem realizado pela fornecedora de pneus traz ganhos de sinergia e de tempo para o fabricante de caminhões.

⟫⟫⟫ Adiamento (postponement)

Outro benefício permitido pelos armazéns é o *postponement*, conhecido no Brasil como **adiamento** ou **postergação** – processo que consiste em manter um produto genérico pelo maior tempo possível na cadeia de distribuição. Um exemplo desse tipo de aplicação é o das indústrias de tintas para imóveis, que produzem apenas as cores mais usuais e as demais são criadas por meio de um sistema de adiamento, no qual a tinta é mantida genericamente em um tom neutro, com a pigmentação sendo escolhida pelo consumidor em um catálogo de cores. Definido o tom, uma máquina faz a mistura da tinta em tom neutro com o pigmento, produzindo assim a cor desejada pelo cliente diretamente no varejo. Isso reduz os custos de produção da indústria e permite uma customização muito maior por parte do cliente.

Os produtos chamados *marca própria* são fabricados pelos mesmos fornecedores de marca tradicional. Esses fornecedores estocam os produtos em lata, sem a etiqueta final, e as etiquetam no armazém conforme os pedidos são feitos. Isso evita o risco de obsolescência do produto ou de ter de fabricar mais produtos, sendo que o mesmo item se encontra em estoque.

❯❯❯ Questão para reflexão

Agora que você entendeu os benefícios dos armazéns, pense em exemplos que você conhece sobre algumas dessas ações. Se não souber, pesquise na internet. Quais são os resultados alcançados na situação que você pensou? Quais das operações indicadas anteriormente foram utilizadas pela empresa que você analisou? Você acredita que esses benefícios poderiam ser ainda maiores? Justifique.

❯❯❯ Custos

As principais razões para se evitar a manutenção dos armazéns são os **custos** operacionais. Os principais custos de armazenagem são descritos na sequência.

❯❯❯ *Custo da mercadoria armazenada*

Os produtos armazenados, enquanto não são vendidos, representam um custo de capital para as empresas. Isso ocorre porque esse dinheiro poderia ser investido em outras atividades. Imagine que uma empresa possa aplicar determinada quantia de dinheiro no banco a juros mensais de 1%. O material em estoque é um dinheiro investido que, além de não render juros, deprecia-se 1,67% ao mês, ou o equivalente a 20% ao ano (Slack; Chambers; Johnston, 2009). Esse é o valor do custo de oportunidade de uma empresa que mantém estoques.

>>> *Custo de espaço*

Os produtos necessitam de uma área para serem armazenados e esse custo é diretamente ligado ao preço do metro quadrado da região em que está o armazém. Dependendo da região da cidade na qual foi instalado o armazém ou o tamanho da área, o custo de espaço será maior ou menor para as empresas.

>>> *Custo de instalações e equipamentos*

O custo das instalações se refere aos custos para comprar e manter as instalações. Isso envolve os custos com estruturas de armazenagem, equipamentos e manutenção do armazém.

>>> *Custo de mão de obra*

Manter estoques incorre em custos com pessoal, que são os responsáveis por dar entrada e saída dos materiais no armazém, além de cuidar da guarda e da separação de itens.

>>> *Custo de obsolescência*

Os produtos tendem a se deteriorar – seja pela validade de consumo, como os alimentos, seja pelo desenvolvimento de novas tecnologias para os aparelhos eletrônicos. Essa é uma equação importante para a armazenagem estratégica. As empresas devem atender aos seus clientes e, pensando no melhor atendimento a eles, geram estoques. Todavia, estoques em excesso podem se deteriorar, fazendo com que a empresa perca muito dinheiro.

>>> *Custo de movimentação*

Os itens precisam ser movimentados no armazém, e os custos dessa movimentação estão relacionados ao uso e à locação de equipamentos, bem como à utilização de mão de obra. Embora a movimentação se relacione a esses dois itens, seu custo é calculado separadamente em função da utilização dos equipamentos e da mão de obra.

>>> Para saber mais

BRASIL. Ministério do Trabalho e Emprego. Norma regulamentadora n. 11, de 8 de junho de 1978. *Diário Oficial da União*, Poder Legislativo, Brasília, DF, 6 jul. 1978. Disponível em: <http://portal.mte.gov.br/data/files/FF8080812BE914E6012BEF1FA6256B00/nr_11.pd>. Acesso em: 4 maio 2015.

Você sabia que existe uma norma regulamentadora para o transporte, a movimentação, a armazenagem e o manuseio de materiais? Não perca tempo e conheça a **NR-11**.

>>> Estudo de caso[*]

Armazenamento de vinho

O vinho é uma das bebidas mais sofisticadas do mundo e alguns elementos devem ser levados em consideração em seu armazenamento. Afinal, não devemos levar à risca a expressão "quanto mais velho o vinho, melhor".

1. Local de armazenamento

O local onde o vinho será armazenado deve ser escuro, sem luz solar, e as garrafas devem estar protegidas de luzes

[*] Adaptado do *blog* Guardeaqui Self Storage, 2013.

artificiais, pois qualquer tipo de luz direta poderá penetrar a garrafa e alterar o aroma e o sabor do vinho. O cuidado deve ser redobrado com os vinhos brancos, que são mais sensíveis que os vinhos tintos.

2. Posição da garrafa para armazenamento

A forma correta de armazenar o vinho é deixar as garrafas deitadas, pois assim as rolhas estarão sempre úmidas, impedindo a entrada de oxigênio, que oxida o vinho de forma rápida, estragando seu aroma e sabor. Se a garrafa estiver na posição vertical, sua rolha secará.

3. Temperatura do ambiente para armazenagem de vinhos

A temperatura do local onde o vinho será armazenado deverá estar entre 12 °C e 15 °C, pois se a temperatura estiver acima dessa média, o vinho oxidará, estragando completamente. Se a temperatura estiver abaixo da média, o vinho não irá estragar, mas seu processo de envelhecimento será retardado. É importante, ainda, observar a variação da temperatura do ambiente, ressaltando que geralmente os vinhos tintos são mais suscetíveis a essas variações. Quanto mais variar a temperatura, maior o risco de o vinho envelhecer precocemente. A temperatura no local de armazenagem não deve variar mais de 1,6 °C em um único dia e 2,7 °C em um ano. Sendo assim, o vinho bem armazenado pode ter alguns anos e ficar mais saboroso com o passar do tempo; porém, se estiver mal armazenado, oxidará e será um vinho velho literalmente, inapropriado para consumo.

Agora que você já sabe como gerar valor ao cliente com um bom vinho, sugerimos que procure um caso de sucesso de armazenamento de um vinho para obter mais detalhes ou, se puder, visite uma vinícola, na qual você aprenderá mais detalhes da importância da armazenagem na produção de vinhos.

» Síntese

Neste capítulo, discutimos a importância da armazenagem para as operações logísticas e os benefícios gerados pelas instalações de armazenagem, analisando os custos envolvidos. Por meio de nossos estudos, é possível concluir que a armazenagem também gera valor ao cliente e, por isso, precisa ser vista como uma operação estratégica nas empresas.

» Exercício resolvido

Imagine que você precise armazenar mil garrafas de vinho por um ano e informar o custo de armazenagem aos supervisores da empresa, para que possam fazer a cobrança do cliente. Cada garrafa de vinho custa, em média, R$ 120,00, e o custo de armazenagem para um item em estoque é de 20% do seu valor de venda. Qual o custo de armazenagem desses vinhos?

Solução:
Para resolver essa situação, o primeiro passo é identificar o custo de armazenagem que, como vimos no enunciado, é de 20%.
O próximo passo é calcular o valor total dos vinhos:
Valor total = 1.000 × R$ 120,00 = R$ 120.000,00
Você pode, depois, calcular o valor do custo de armazenagem:
Custo total de armazenagem = R$ 120.000,00 × 0,20 = R$ 24.000,00
O custo total de armazenagem, portanto, é de **R$ 24.000,00 ao ano**.

» Questões para revisão

1) Com base na leitura deste capítulo, defina o processo de armazenagem.

2) O que vem a ser o *postponement*?

3) A armazenagem existe com qual finalidade?
   I. Reduzir os custos de transporte.
   II. Possibilitar a compra de mercadoria.
   III. Coordenar oferta e demanda.

   Estão corretas as afirmações:
   a. I.
   b. II.
   c. I e III.
   d. I e II.
   e. I, II e III.

4) Quando o armazém recebe mercadorias de diversos fornecedores e as junta em um único carregamento ao cliente, está realizando uma operação de:
   a. combinação.
   b. montagem.
   c. desconsolidação.
   d. consolidação.
   e. *cross-docking*.

5) A armazenagem corresponde a qual percentual aproximado dos custos logísticos de uma empresa?
   a. 10%.
   b. 20%.
   c. 30%.
   d. 40%.
   e. 50%.

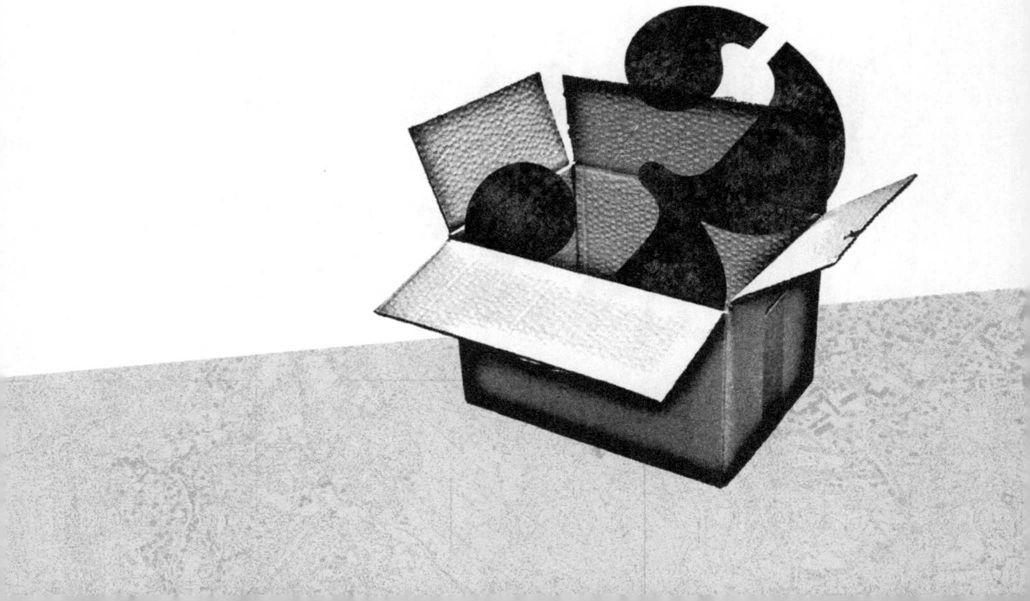

PLANEJAMENTO DAS OPERAÇÕES DE ARMAZENAGEM

>>> Conteúdos do capítulo

» Tipos de estruturas de armazenagem disponíveis.
» Principais tipos de equipamentos de movimentação.
» Dimensionamento do armazém.

>>> Após o estudo deste capítulo, você será capaz de:

1. reconhecer os principais tipos de estruturas de armazenagem disponíveis;
2. identificar os equipamentos mais adequados para movimentação de cargas;
3. escolher estruturas de armazenagem, equipamentos de movimentação e fazer o dimensionamento do armazém.

Armazenar requer estabelecer o espaçamento certo entre os corredores, definir qual estrutura de armazenagem se ajusta melhor ao espaço disponível e adequar as instalações e as estruturas para o fluxo dos equipamentos de movimentação. Esses equipamentos devem ser adquiridos de acordo com o tipo de estrutura adotada no armazém. Neste capítulo, você terá acesso a um conjunto de informações que lhe permitirão projetar um armazém com relação à escolha das estruturas de armazenagem e dos equipamentos de movimentação mais adequados para cada situação.

» Tipos de estruturas de armazenamento

A armazenagem, para ser realizada da melhor maneira possível, depende da utilização adequada de **estruturas de armazenamento**. Essas estruturas são sistemas usados para o acondicionamento de diversos itens, como matérias-primas, produtos acabados, materiais complementares de produção etc. Para realizar o acondicionamento na estrutura correta, devemos levar em conta as seguintes características (Moura, 2006):

- » **Quanto aos produtos a serem armazenados** – É muito importante levar em conta dimensões, formatos, pesos e tipos dos produtos que serão armazenados, pois é isso que definirá o espaçamento dos corredores, a altura de empilhamento e o espaço necessário.
- » **Quanto à área disponível** – Além das características dos produtos, precisamos levar em conta a área disponível para a guarda. Quando planejamos uma área de armazenagem a ser adquirida e montada, são as características dos produtos

que determinarão o processo. Entretanto, algumas vezes é preciso levar em conta a área disponível da empresa para acondicionar os produtos. Em situações como essas, há que se considerar, além das características do produto, as dimensões, o formato e as restrições do espaço e da estrutura já existentes.

» **Rotatividade** – Outro fator importante no planejamento da área de armazenagem é a rotatividade dos produtos. Se estes tiverem alta rotatividade, são necessárias estruturas que facilitem essa alternância. Porém, se essa rotatividade for baixa, é possível utilizar estruturas de armazenagem de longa duração.

» **Acesso à área de armazenagem e destino dos produtos armazenados** – Esse é outro fator importante nesse tipo de planejamento das estruturas de armazenagem. Dependendo do acesso, do destino e do tempo que as mercadorias permanecem estocadas, um determinado tipo de planejamento e de escolha da estrutura será utilizado.

Vamos, a seguir, conhecer os principais tipos de estruturas de armazenagem.

⟩⟩⟩ Blocagem

A estrutura mais simples de armazenagem é o acondicionamento de mercadorias com o uso de paletes* diretamente sobre o piso. Esse tipo de estrutura é conhecida como *blocada* ou *blocagem* e seu uso é muito comum em centros de distribuição, principalmente naqueles que trabalham com operações de *cross-docking*. A Figura 3.1 apresenta um armazém em que a mercadoria é armazenada de forma blocada.

* Estruturas de madeira utilizadas para o transporte de cargas que serão apresentadas mais à frente.

» **Figura 3.1** – Exemplo de armazenagem em estrutura blocada

Crédito: Fotolia

››› Prateleiras

Um método simples de armazenar mercadoria leves e de pequenos volumes é o uso de **prateleiras**. Da mesma forma que guardamos mantimentos em nossas casas em práticas prateleiras dentro de armários de cozinha, é possível armazenar diversos itens em prateleiras nos armazéns comerciais. A grande vantagem é que, ao contrário de nossas residências, em sua maioria os armazéns dispensam o uso de portas, uma vez que a movimentação é constante e estas aumentariam o tempo gasto na seleção de pedidos, além de atrapalhar a identificação e a visualização dos produtos. Seu inconveniente é a limitação dos espaços e a baixa capacidade de carga, cerca de 25 kgf*. A Figura 3.2 apresenta esse tipo de estrutura.

* kgf: quilograma-força, unidade definida como o peso de um quilograma quando sujeito à força da gravidade.

» **Figura 3.2** – Exemplo de armazenagem em prateleiras

Crédito: Fotolia

>>> Estrutura porta-paletes

As **estruturas porta-paletes** são as mais utilizadas na armazenagem devido a sua capacidade de peso e facilidade de operação. São estruturas metálicas entrelaçadas, vazadas ao centro, o que permite o acondicionamento de paletes em espaços individuais. A sua sustentação é garantida pelo entrelaçamento da estrutura e pelo acondicionamento da carga. A Figura 3.3 apresenta um exemplo desse tipo de armazenagem.

» **Figura 3.3** - Exemplo de armazenagem em estrutura porta-paletes

Crédito: Fotolia

››› Drives

Os sistemas de *drives* também são estruturas muito utilizadas no armazenamento de materiais. Consistem em estruturas metálicas para acondicionar mercadorias em paletes, em formas de *drive*, ou seja, diversos *boxes* para guarda de materiais.

Seu grande inconveniente é a dificuldade de acesso, sendo recomendada a sua utilização para materiais com longos períodos de estocagem e que sejam consumidos num único período, como é o caso de ovos de chocolate na Páscoa ou materiais que não tenham ordem de utilização ou perecibilidade. Os *drives* podem ser de dois tipos: o *drive-in*, com uma única entrada, e o *drive-through*, com duas entradas de acesso, conforme podemos ver nas Figuras 3.4 e 3.5.

» **Figura 3.4** – Exemplo de armazenagem em *drive-in*

Crédito: Fotolia

» **Figura 3.5** – Exemplo de armazenagem em *drive-through*

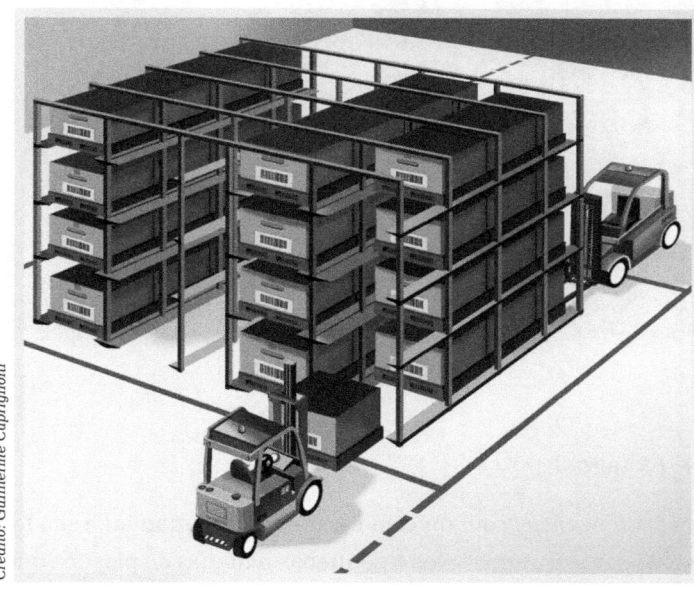

Crédito: Guilherme Caprigliani

››› Porta-paletes dinâmico

O *porta paletes dinâmico*, como o próprio nome diz, é um porta-paletes que permite a movimentação de carga de maneira dinâmica por meio de roletes. Esse sistema é mais parecido com os *drives* com acesso pelos dois lados. O uso de roletes para o deslizamento dos paletes aumenta a agilidade na retirada e no acondicionamento dos materiais. A Figura 3.6 apresenta um exemplo dessa estrutura.

» **Figura 3.6** – Exemplo de armazenagem em porta-paletes dinâmico

Crédito: Fotolia

››› Flow racks

Os *flow racks* contam com movimentação manual e são formados por estruturas leves e pequenas roldanas de plástico que, por gravidade, mantêm sempre uma caixa à disposição do usuário, facilitando o processo de separação. Como elas devem ser de pouca altura, pois são usadas manualmente, é bastante comum montá-las na parte inferior de uma estrutura porta-paletes convencional, no intuito de usar a parte superior para estocagem do mesmo produto, em paletes, simulando um atacado na parte superior e um varejo na parte inferior (Fiesp, 2011). A Figura 3.7 apresenta um exemplo dessa estrutura.

» **Figura 3.7** – Exemplo de armazenagem em *flow rack*

Crédito: Fotolia

››› *Push back*

O *push back* é um tipo de estrutura de armazenagem com trilhos telescópicos para posicionamento dos paletes, trilhos com roletes ou "carrinhos". A velocidade de descida é determinada pelo operador com base no trilho de inclinação para descida do palete. Esse sistema pode ser integrado a outros tipos de equipamentos de armazenagem e movimentação de materiais. Um sistema de *push back* pode ser visto na Figura 3.8.

» **Figura 3.8** – Exemplo de armazenagem em *push back*

Crédito: Guilherme Caprigiloni

>>> Cantiléver

Uma outra estrutura que podemos utilizar para armazenar mercadorias é o cantiléver. Esse tipo de estrutura é recomendado para cargas especiais, como eixos e tubos, que apresentam dificuldade para armazenagem devido ao seu comprimento e formato cilíndrico. É também utilizada para estocar trefilados e pranchas. De preço elevado, é composta por colunas centrais e braços para suporte das cargas, formando um tipo de árvore metálica (Fiesp, 2011). A Figura 3.9 apresenta um cantiléver.

» **Figura 3.9** – Exemplo de armazenagem em cantiléver

Crédito: Fotolia

››› Mezanino

Um sistema muito utilizado para ganhar espaço é o **mezanino**, pois permite o aproveitamento dos espaços verticais. O mezanino se constitui de pisos elevados, com ou sem escadas de acesso, que suportam cargas que variam de 300 a 1.000 quilos por metro quadrado. O formato do seu piso pode ser metálico (grelhas ou pranchas) ou de madeira. Sua grande vantagem é gerar um segundo piso para armazenagem no armazém.

» **Figura 3.10** – Exemplo de armazenagem em mezanino

Crédito: Fotolia

» Determinando o melhor tipo de estrutura de armazenagem

Você já percebeu que existem diversos tipos de estruturas de armazenagem com usos diferentes, que são determinados de acordo com as características de cada produto. Para facilitar a escolha do sistema mais adequado quando do planejamento da área de armazenagem, produzimos o Quadro 3.1.

» **Quadro 3.1** – Escolha da estrutura adequada de armazenagem

As condições a serem consideradas para definir a estrutura são:

Melhor escolha	P. palete ou cantiléver	P. palete	P. palete duplo	Drive-in ou drive-through	Push back	Dinâmico	Blocagem
Equipamento	Empilhadeira elétrica GLP	Transelevador	Empilhadeira pantográfica	Empilhadeira elétrica	Empilhadeira elétrica GLP	Empilhadeira elétrica GLP	Empilhadeira GLP
Velocidade	Alta	Alta	Baixa	Baixa	Média	Alta	Baixa
Seletividade	Alta	Alta	Média	Baixa	Média	Média	Baixa
Densidade	Baixa	Alta	Média	Alta	Média	Alta	Alta
PEPS	Gerenciar	Automatizável	Complicado	Complicado	Complicado	Automático	Complicado
Custo	Baixo	Alto	Médio	Médio	Médio	Alto	Médio
Altura de operação (em metros)	10 m	30 m	7 m	9 m	7 m	10 m	6 m

As condições a serem consideradas para definir a estrutura são:

- » **Equipamentos** – Veículos e máquinas utilizados para a movimentação de cargas no armazém. Se você não os conhece, não se preocupe, pois serão apresentadas na sequência.
- » **Velocidade** – Refere-se à necessidade de se manipular rapidamente as mercadorias no armazém.
- » **Seletividade** – Refere-se à necessidade de facilitar a entrada e a saída de materiais de sortimento diferentes.
- » **Densidade** – Refere-se à relação entre o peso e o volume das mercadorias, o que influencia diretamente no tipo de equipamento de movimentação e de estrutura de armazenagem.
- » **PEPS (o primeiro que entra é o primeiro que sai)** – Trata-se do tipo de condição no armazém. Em situações em que o produto apresenta risco de obsolescência ou prazo de validade, somos obrigados a adotar estruturas flexíveis para esse fim.
- » **Custo** – Os valores das mercadorias também influenciam na decisão do uso de determinados equipamentos de movimentação e de estruturas de armazenagem.
- » **Altura de operação** – A altura dos armazéns afeta as decisões sobre a estrutura de armazenagem.

Assim, como observamos no Quadro 3.1, de acordo com cada uma dessas características encontradas, podemos adotar o sistema de armazenagem mais adequado.

» Equipamentos de movimentação

Os **equipamentos de movimentação** são responsáveis por fazer todo o deslocamento mecanizado dentro dos armazéns. Esses sistemas são operados por operadores externos à máquina, operadores dentro da máquina e máquina sem operador humano. Os principais tipos de sistemas estão divididos em (Fiesp, 2011):

» veículos industriais;
» equipamentos de elevação e transferência;
» transportadores contínuos;
» embalagens, recipientes e unitizadores (estes serão vistos mais adiante, no Capítulo 5).

Nesta obra, vamos nos concentrar nos equipamentos utilizados para movimentação interna, ou seja, dentro dos armazéns.

››› Veículos industriais

Os **veículos industriais** são equipamentos muito flexíveis utilizados para movimentar cargas. São usados em dois momentos: no processo de produção e no processo de armazenagem. Além de transportar a carga, também servem para colocá-la na posição mais conveniente. Podem ser motorizados ou não. Os tipos mais comuns são carrinhos industriais, empilhadeiras, rebocadores, autocarrinhos (AGV) e guindastes autopropelidos (Fiesp, 2011).

Os veículos industriais são classificados de acordo com **três critérios:**

1) Fonte de energia:
   » manual;
   » elétrica;
   » combustão interna.
2) Maneira de controle:
   » controlado por operador (sentado ou em pé);
   » controlado por pedestre;
   » sem operador.

3) Maneira de deslocamento:
   » unidirecional;
   » bidirecional;
   » multidirecional;
   » deslocamento dirigido.

››› *Paleteira*

As paleteiras são carrinhos elevadores manuais, de patolas e garfos que, por meio de um dispositivo hidráulico nas rodas, liberam paletes do piso a uma altura mínima suficiente para transporte horizontal. Embora não possuam propulsão, são chamadas de *veículos industriais* e são muito utilizadas no armazém. Dotadas de um elevador hidráulico, permitem que os operadores transportem paletes carregados com extrema facilidade. A Figura 3.11 apresenta uma paleteira.

» **Figura 3.11** – Paleteira

Crédito: Fotolia

>>> *Transpaleteira*

A paleteira elétrica, ou **transpaleteira**, é um veículo industrial autopropelido, ou seja, diferente da paleteira tradicional, tem sistema de propulsão própria. Dependendo do modelo, pode ser operada com operador a pé ou sobre o equipamento. As transpaleteiras também são dotadas de patolas que entram sob o palete, liberando-o do piso.

» **Figura 3.12** – Transpaleteira

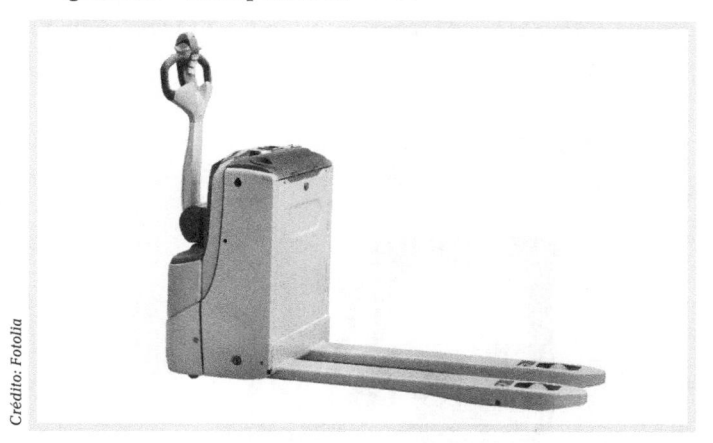

Crédito: Fotolia

>>> *Empilhadeiras*

As **empilhadeiras** são consideradas as "estrelas" dos armazéns, por serem muito versáteis e facilitarem as operações de movimentação. Com alcances verticais que permitem estocar mercadoria a mais de 10 metros do chão, facilitam a verticalização e a otimização na ocupação do espaço. As empilhadeiras são classificadas em função de seu sistema propulsor, como veremos a seguir.

» Empilhadeiras elétricas

As empilhadeiras elétricas, ou de patolas, são veículos industriais autopropelidos, com estabilidade proporcionada por apoios, ou patolas, sobre rodas, que se projetam à frente do mastro (também conhecidas como *empilhadeiras de carga subapoiadas*). Esse equipamento é muito utilizado em áreas internas dos armazéns por não emitir poluentes. O maior inconveniente desse tipo de empilhadeira é a necessidade de recarga de baterias. A Figura 3.13 apresenta uma empilhadeira elétrica.

» **Figura 3.13** – Empilhadeira elétrica

Crédito: Fotolia

» Empilhadeiras a gás

As empilhadeiras movidas a gás são veículos industriais autopropelidos, com, pelo menos, três rodas que elevam, transportam e posicionam cargas unitizadas. A vantagem das empilhadeiras a gás é sua maior capacidade de elevação de carga em relação às empilhadeiras elétricas e também a não necessidade de recarga. Sua desvantagem está na poluição do ambiente em que operam. Podem também ser movidas a gasolina e algumas empilhadeiras maiores são movidas a diesel. A empilhadeira a gás pode ser vista na Figura 3.14.

» **Figura 3.14** – Empilhadeira a gás

Crédito: Fotolia

» Empilhadeiras laterais

As empilhadeiras laterais são veículos autopropelidos dotados de mecanismos de carregamento e elevação de cargas perpendiculares ao seu sentido de deslocamento. O grande problema nos armazéns consiste em espaço, e empilhadeiras tradicionais ocupam muito espaço, pois precisam carregar os paletes de frente, devido à posição de seus garfos. Com o objetivo de reduzir os espaços nos corredores, surgiram as empilhadeiras laterais, que têm seus garfos em uma posição de 90 graus em relação ao seu eixo. A Figura 3.15 apresenta uma empilhadeira lateral.

» **Figura 3.15** – Empilhadeira lateral

Crédito: Fotolia

» Empilhadeiras trilaterais
As empilhadeiras trilaterais são utilizadas para reduzir o tamanho dos corredores nos armazéns e permitir o aproveitamento total do espaço, uma vez que não precisam de uma área de manobras como as empilhadeiras laterais. Nesse tipo de empilhadeira, além do movimento de elevação, podemos deslocar os garfos nas três posições de carregamento: lateral direita, lateral esquerda e frontal.

» **Figura 3.16** – Empilhadeira trilateral

Crédito: Fotolia

» Empilhadeiras pantográficas
Empilhadeiras pantográficas são empilhadeiras com patolas equipadas com um mecanismo de avanço da carga (pantógrafo) no mastro de elevação. Essas empilhadeiras têm dupla profundidade de estocagem. Desse modo, é possível armazenar em porta-paletes de dupla profundidade. A Figura 3.17 apresenta uma empilhadeira pantográfica.

» **Figura 3.17** – Empilhadeira pantográfica

» Veículos guiados automaticamente (AVG)
Os veículos guiados automaticamente, ou *automatic veihcule guided* (AVG), são veículos industriais motorizados que operam automaticamente, sem a necessidade de operador, a fim de cumprir funções de movimentação e controle. Esses veículos são muito utilizados, principalmente na indústria, para movimentação de peças e componentes na linha de produção. A Figura 3.18 apresenta um AVG.

» **Figura 3.18** – Veículo guiado automaticamente (AVG)

Crédito: Guilherme Capriglioni

›› Equipamentos de elevação e transferência

As áreas com mais de um piso, ou nas quais desejamos aumentar o espaço de verticalização e reduzir os espaços dos corredores, necessitam de equipamentos que possibilitem **maior elevação ou transferência**. Entre os principais tipos de equipamentos nesta categoria destacam-se os que veremos a seguir.

››› *Elevadores de carga*

Esses elevadores são dotados de uma caixa com uma ou duas aberturas laterais e de mecanismo de elevação e descenso, com paradas fixas entre dois ou mais pavimentos. Sua capacidade variável de carga é de até 10 toneladas. A Figura 3.19 apresenta um elevador de carga.

» **Figura 3.19** – Elevador de carga

Crédito: Guilherme Capriglioni

>>> *Elevadores monta cargas*

Os **elevadores monta cargas** são providos de plataforma e mecanismo de elevação e descenso com andaimes fixos, para movimentação de materiais entre dois níveis. Ao contrário dos elevadores tradicionais, são mais expostos e, por isso, os custos de implementação são menores, sem perder a eficiência; entretanto, só podem ser usados de um único nível para outro. Veja um exemplo na figura a seguir.

» **Figura 3.20** – Elevador monta cargas

Crédito: Guilherme Capriglioni

⟩⟩⟩ *Transelevador*

O **transelevador** é um equipamento de alta produtividade no armazém. Ele recebe os materiais que chegam ao armazém e são colocados em esteiras, os quais são elevados rapidamente às posições de armazenagens estabelecidas na programação do transelevador. Suas vantagens são a produtividade e a redução no tamanho dos corredores. Entretanto, possuem um custo elevado de implantação. A Figura 3.21 apresenta um transelevador.

» **Figura 3.21** – Transelevador

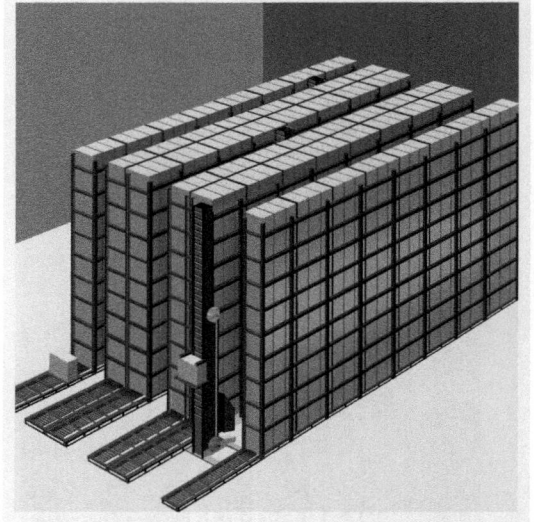

Crédito: Guilherme Caprigltoni

>>> Transportadores contínuos

Os **transportadores contínuos** são muito utilizados como auxiliares no processo de fabricação e de alto volume. São usados para alimentar altos-fornos, nas linhas de produção e para o transporte de minério. Neste livro, vamos tratar do transportador contínuo utilizado nos armazéns, principalmente aqueles que lidam com pequenas encomendas, como companhias de correios, encomendas expressas e comércio eletrônico, conhecidos como **sortidores** (*sorters*).

》》》 Sortidores

Os *sorters*, também conhecidos como *sortidores* ou *esteiras*, têm revolucionado as operações nos armazéns. Eles são compostos por um conjunto de esteiras que movimentam as cargas pelo armazém automaticamente, com base no código de barras. Os materiais recepcionados são colocados na esteira e, a partir da leitura do código de barras, os sortidores fazem todo o trabalho de endereçar essa carga e a enviar ao local exato de armazenagem, de uso ou de destino de distribuição. Essa revolução tem diminuído a ocorrência de erros nos processos mediante a menor interação humana, permitindo alcançar a agilidade necessária para atender às demandas dos clientes e das operações. A Figura 3.22 apresenta um *sorter*.

» **Figura 3.22** – *Sorter*

Crédito: Fotolia

》》 Questão para reflexão

O que é mais vantajoso para as empresas: usar equipamentos de movimentação ou *sorters*? Pesquise na internet empresas que trabalham com um e com outro sistema. Acesse *sites* de fabricantes e veja estudos de caso nos quais sistemas de *sorters* foram instalados. Após essa pesquisa, responda à pergunta. **Dica**: a empresa Braspress possui um dos maiores *sorters* utilizados no país, vá ao *site* e se informe: <http://www.braspress.com.br>. Acesso em: 4 maio 2015.

》 Dimensionamento do armazém

Uma das principais medidas no planejamento do armazém é o **dimensionamento da capacidade de estocagem**. Essa capacidade é estabelecida a partir do cálculo da capacidade estática, da área utilizável, da área utilizável empilhável e do cálculo de estiva. A seguir, apresentamos cada um desses cálculos.

》》 Capacidade estática

A **capacidade estática** corresponde ao máximo de carga que é possível estocar no armazém ao mesmo tempo. Para descobrir a capacidade estática do armazém, é preciso:

a. **Definir a área do armazém**. Suponhamos que temos um armazém com 20 metros de largura por 80 metros de comprimento. Podemos calcular a área da seguinte maneira:

$$\text{Área} = 20 \times 80 = 1.600 \text{ m}^2$$

b. O segundo passo é **saber qual é a resistência do piso**. Essa resistência dependerá da forma como foi construído: material, espessura e fundação. Esse valor é obtido pela empresa construtora do armazém ou mediante a avaliação de um engenheiro civil. Para nosso exemplo, vamos supor que seja de 20 t/m².

c. De posse dessas informações, é fácil calcular a capacidade estática do armazém:

> Capacidade estática = área × resistência do piso = 1.600 m² × 20 t/m² = **32.000 toneladas**

››› Área utilizável

Para o bom funcionamento do armazém, não podemos ocupar todos os espaços com armazenagem de cargas. Afinal, precisamos de corredores entre as estruturas e espaço para a movimentação de pessoas e equipamentos. Portanto, precisamos definir a área utilizável do armazém.

Para descobrir a área utilizável do armazém, será preciso considerar os seguintes pontos:

a. Da mesma forma que a capacidade estática, o primeiro passo é **definir a área do armazém**. Assim, considere o mesmo exemplo citado anteriormente:

> Área = 20l × 80 c = 1.600 m², onde l = largura e c = comprimento.

b. O segundo passo é **estabelecer o perímetro de segurança**. Esse perímetro visa garantir rápido acesso às instalações em casos de emergências e, portanto, as cargas não devem ser encostadas nas paredes. Na prática, trabalhamos com um metro de perímetro. Assim, podemos calcular a área do perímetro de segurança:

Área do perímetro = 20 m² + 20 m² + 78 m² + 78 m² = 196 m²

c. A seguir, **devem ser calculadas as áreas dos corredores**. Para acesso às empilhadeiras, precisamos de, pelo menos, 1 metro, utilizando equipamentos especiais. O ideal é trabalhar acima de 2 metros, mas aqui utilizaremos 1 metro como referência. Suponhamos que teremos 5 corredores longitudinais ao comprimento. Assim, temos:

Área dos corredores = 78 m × 5 × 1 m = 390 m²

d. O quarto passo é **calcular as áreas para escritório e administração**. Suponhamos que temos para isso uma área de 20 m por 2,5 m. Sendo assim:

Área escritórios = 20 m × 2,5 m = 50 m²

e. Agora podemos **calcular a área utilizável do armazém**. Assim, temos:

Área utilizável = 1.600 m² – 196 m² – 390 m² – 50 m² = **964 m²**

❯❯❯ Área utilizável empilhável

No item anterior, calculamos a área útil do armazém considerando apenas a utilização do piso sem empilhamento, o que pode ser realizado em operações reais. Agora, suponhamos que temos uma estrutura porta palete com oito níveis. Portanto, teremos, com base no caso anterior:

> Área utilizável = 964 m² × 8 = **7.712 m²**

»» Estiva

Já descobrimos como calcular a área de armazenagem. Entretanto, as mercadorias têm pesos e volumes diferentes e, por isso, precisamos levar em conta a sua densidade, que é a relação peso *versus* volume das mercadorias. Sendo assim, **precisamos saber o fator de estiva** que representa o espaço ocupado por uma tonelada de determinada mercadoria, sendo representado em metros cúbicos (m³). O fator de estiva é dado por tabelas, e o Quadro 3.2 apresenta um exemplo.

» **Quadro 3.2** – Fator de estiva

Mercadoria	Fator de estiva (m³/ton)
Fardos	2,5
Sacaria	2,2
Caixaria	3,0
Cartões	3,8
Tambores	2,0

Fonte: Adaptado de Rodrigues, 2007.

Taxa de ocupação do armazém

Para sabermos qual é a **taxa de ocupação** do armazém, podemos calcular facilmente com base em informações de tonelagem do armazém e da capacidade estática. Usando o exemplo anterior e medindo uma tonelagem no armazém de 20 mil toneladas, temos:

> Taxa de ocupação do armazém = Tonelagem do armazém ÷ capacidade estática

Em que:

> Taxa de ocupação = 20.000 ÷ 32.000 = 0,625 = 62,5%

Para saber mais

ALTAMIRA. Disponível em: <http://www.altamira.com.br>. Acesso em: 4 maio 2015.

Na página da empresa Altamira, você encontra diversas informações e dicas sobre como dimensionar armazéns e as características dos diversos tipos de estrutura que são comercializados pela empresa.

Síntese

Neste capítulo, analisamos os tipos de estruturas de armazenagem disponíveis e identificamos os diferentes tipos de equipamentos de movimentação utilizados dentro dos armazéns. Por fim, verificamos como dimensionar um armazém no que tange à utilização do espaçamento disponível.

» Exercício resolvido

Suponha que você precise armazenar fardos, tambores e caixarias em um armazém. Cada um desses itens tem fatores de estiva diferentes. É necessário calcular o fator de estiva médio, sabendo que o percentual de fardos é de 30% e o de tambores e caixarias é de 35%.

Solução:
Primeiramente, **monte uma tabela** com as informações fornecidas e com as informações de estiva (que podem ser consultadas nas tabelas de estiva).

Mercadoria	Fator de estiva	% do armazém
Fardos	2,5	30%
Tambores	2,0	35%
Caixarias	3,0	35%
Total		100%

A seguir, é preciso encontrar o fator de estiva ponderado, multiplicando o fator de estiva de cada mercadoria pelo percentual aproximado de seu peso no total armazenado.

Mercadoria	Fator de estiva	% do armazém	Fator de estiva ponderado
Fardos	2,5	30%	60 (2,5 × 30)
Tambores	2,0	35%	70 (2,0 × 35)
Caixarias	3,0	35%	105 (3,0 × 35)
Total		100%	235

Feito isso, **calcule o fator de estiva médio**, usando a seguinte equação:
Fator de estiva médio = 235/100 = 2,35 m³/t
O fator de estiva médio equivale a 2,35 m³/t.

» Questões para revisão

1) Os equipamentos de movimentação se dividem em quatro categorias. Quais são elas?

2) O que vem a ser o PEPS?

3) Assinale as afirmativas a seguir como verdadeiras (**V**) ou falsas (**F**):
   ( ) As empilhadeiras podem ser elétricas ou a gás.
   ( ) Os porta-paletes e os porta-paletes dinâmicos têm a mesma estrutura.
   ( ) Todo armazém deve ser dimensionado com um perímetro próximo às paredes de, aproximadamente, 1 metro.

   Agora, assinale a alternativa que corresponde à sequência correta:
   a. V, V, V.
   b. F, F, F.
   c. V, F, V.
   d. F, V, F.
   e. F, V, V.

4) Qual das alternativas a seguir trata de um transportador contínuo?
   a. Empilhadeiras.
   b. AVG (veículos guiados automaticamente).
   c. Elevador monta cargas.
   d. *Sorter*.
   e. Paleteira.

5) De que maneira é feita a blocagem?
   a. Diretamente no piso sob paletes.
   b. Em estruturas porta-paletes.
   c. Utilizando *drives*.
   d. Sob o cantiléver.
   e. Nenhuma das alternativas anteriores está correta.

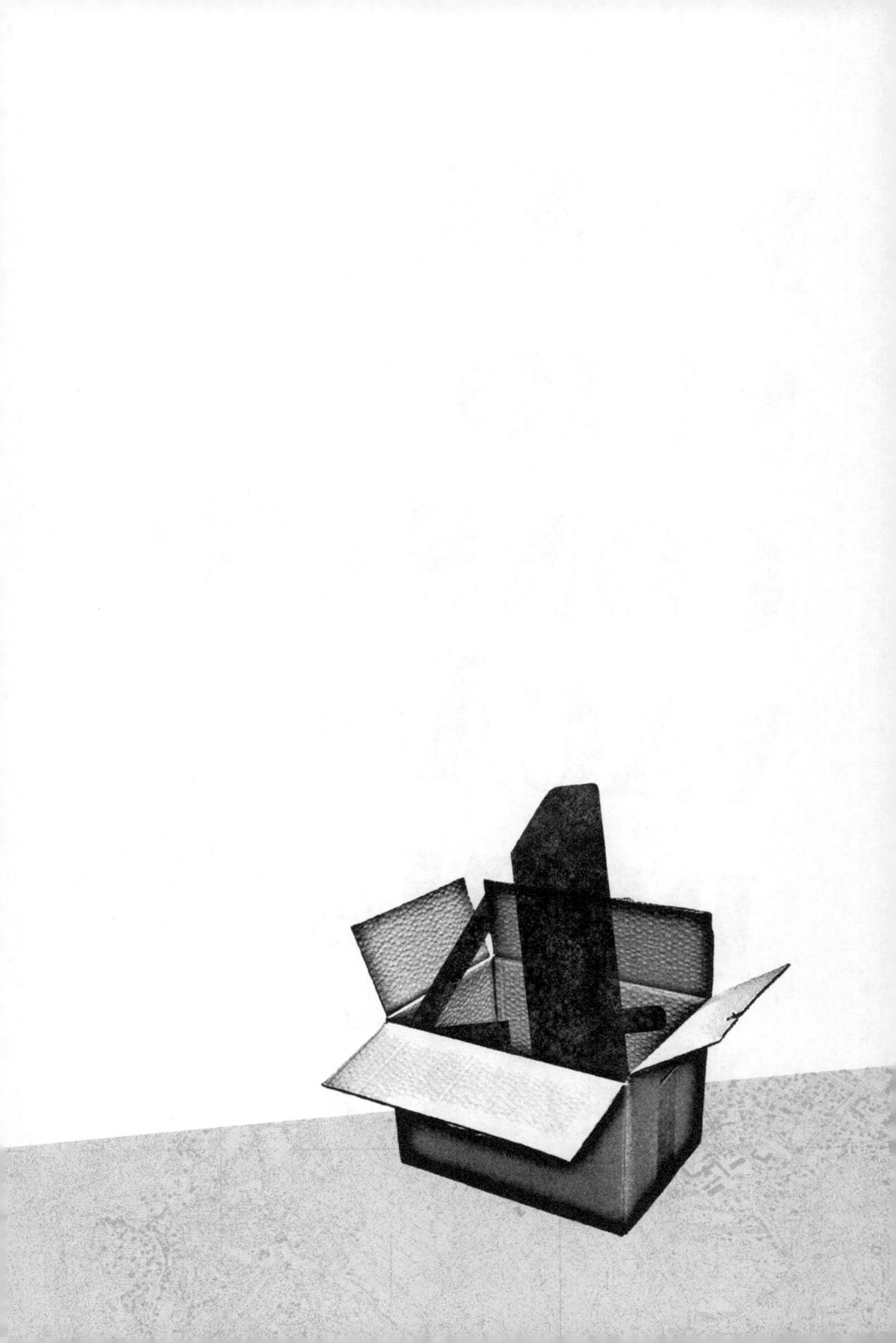

MANU-SEIO E CONSER-VAÇÃO DE MATE-RIAIS

›› Conteúdos do capítulo

» Manuseio de materiais no recebimento e na expedição.
» Segurança na movimentação e no armazenamento de mercadorias.
» Armazenamento de produtos perigosos.

›› Após o estudo deste capítulo, você será capaz de:

1. entender o fluxo de entrada e saída de mercadorias nos armazéns;
2. trabalhar com segurança em ambientes de movimentação e armazenagem;
3. compreender a importância dos cuidados no armazenamento de produtos perigosos.

O trabalho de planejamento no armazém não termina após o seu dimensionamento e a escolha das estruturas de armazenagem e dos equipamentos de movimentação, uma vez que é necessário um planejamento contínuo, que se refere ao manuseio e ao controle das mercadorias. Muitos são os casos de mercadorias danificadas por manuseio inadequado ou perda de materiais em estoque devido à obsolescência pela gestão inadequada dos itens em estoque.

Neste capítulo, vamos tratar fundamentalmente dessa questão: explicaremos o que é manuseio e quais são as atividades de recebimento e expedição de mercadorias. Por fim, vamos apresentar os cuidados com o armazenamento de produtos perigosos.

» Manuseio de mercadorias

O **manuseio de mercadorias** dentro das instalações de armazenagem é um componente importante e essencial da atividade de logística, pois garante a qualidade dos materiais e sua preservação. Segundo Pozo (2010, p. 70):

> muitas empresas, ainda, justificam a existência de espaço físico relativamente grande e, por consequência, elevados estoques, com os argumentos de que: (1) são fortes redutores dos custos de transporte e de produção; (2) auxiliam o marketing e o atendimento ao cliente; (3) coordenam,

mais facilmente, a área de suprimento.

O princípio básico do manuseio dentro dos armazéns, independentemente do seu tamanho, consiste em três atividades essenciais para a operação de logística interna:
1) **recebimento de mercadorias;**
2) **movimentação interna;**
3) **expedição de mercadorias.**

O manuseio e a movimentação da carga, por sua vez, podem ocorrer de forma manual, automática ou mista.

››› Procedimentos de recepção e expedição

Antes de tratarmos dos **procedimentos de recepção e expedição**, precisamos ter uma visão geral do processo para entender melhor cada fase. Você deve saber que uma empresa é composta por diversos departamentos distribuídos pelas funções principais, como *marketing*, produção, financeiro, operações e recursos humanos. Dentro da função **operações**, o Departamento de Compras é responsável por analisar a demanda de materiais e realizar a aquisição destes no intuito de alimentar a linha de produção.

Dessa forma, quando uma aquisição de materiais é realizada, a entrega é encaminhada para o recebimento de materiais junto com a nota fiscal de entrada, contendo os itens adquiridos. No recebimento, é feita a conferência do conteúdo da carga física com a nota fiscal de entrada, para verificar se o que foi comprado realmente foi entregue pelo fornecedor. Após a conferência, a mercadoria é classificada e endereçada, sendo direcionada para o local no armazém em que ficará estocada até o seu consumo ou sua venda (estudaremos em mais detalhes, no próximo capítulo, a classificação de materiais).

Considerando um processo de venda, da mesma forma que a função operações tem um Departamento de Compras, a função *marketing* tem um Departamento de Vendas. Este, em contato com o cliente e negociando uma certa quantidade de produto, enviará o comunicado ao Departamento de Faturamento, que geralmente pertence à função operações ou financeiro, dependendo da empresa. O Departamento de Faturamento realizará a emissão da nota fiscal de saída e enviará o produto ao Departamento de Expedição, que será responsável pela separação e preparação da mercadoria para o transporte até sua expedição.

A separação da mercadoria diz respeito à conferência da nota fiscal de saída com os itens vendidos; já a preparação da mercadoria para transporte está relacionada ao manuseio de embalagem e à paletização, quando for o caso, entre outros, conforme vemos na Figura 4.1.

» **Figura 4.1** – Macrofluxo de logística interna do armazém

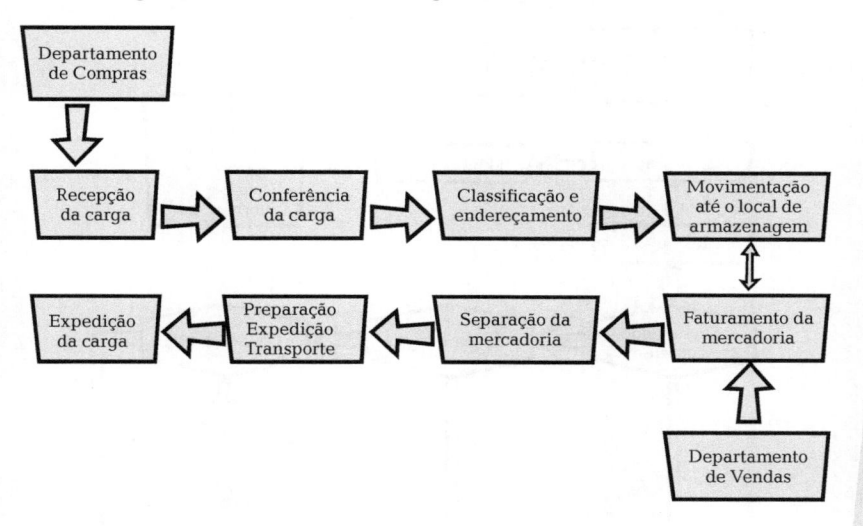

```
┌──────────────┐
│ Departamento │
│  de Compras  │
└──────┬───────┘
       ▼
┌──────────┐  ┌──────────┐  ┌──────────────┐  ┌──────────────┐
│ Recepção │⇒ │Conferência│⇒ │Classificação e│⇒│ Movimentação │
│ da carga │  │ da carga │  │ endereçamento │  │ até o local de│
└──────────┘  └──────────┘  └──────────────┘  │ armazenagem  │
                                               └──────┬───────┘
                                                      ⇕
┌──────────┐  ┌──────────┐  ┌──────────────┐  ┌──────────────┐
│ Expedição│⇐ │Preparação│⇐ │ Separação da │⇐ │Faturamento da│
│ da carga │  │ Expedição│  │  mercadoria  │  │  mercadoria  │
│          │  │Transporte│  │              │  │              │
└──────────┘  └──────────┘  └──────────────┘  └──────┬───────┘
                                                      ▲
                                               ┌──────┴───────┐
                                               │ Departamento │
                                               │  de Vendas   │
                                               └──────────────┘
```

É importante notar que os departamentos de vendas e de compras tem uma ligação direta e uma indireta: a primeira está relacionada à demanda de compra, que é fornecida pelo Departamento de Vendas – portanto, a relação direta entre os departamentos consiste no planejamento de aquisição; a segunda está associada às atividades de venda e faturamento, uma vez que um item só pode ser faturado se estiver disponível no estoque para venda. A Figura 4.2 apresenta um fluxo detalhado de materiais no armazém.

» **Figura 4.2** – Fluxo detalhado de materiais no armazém

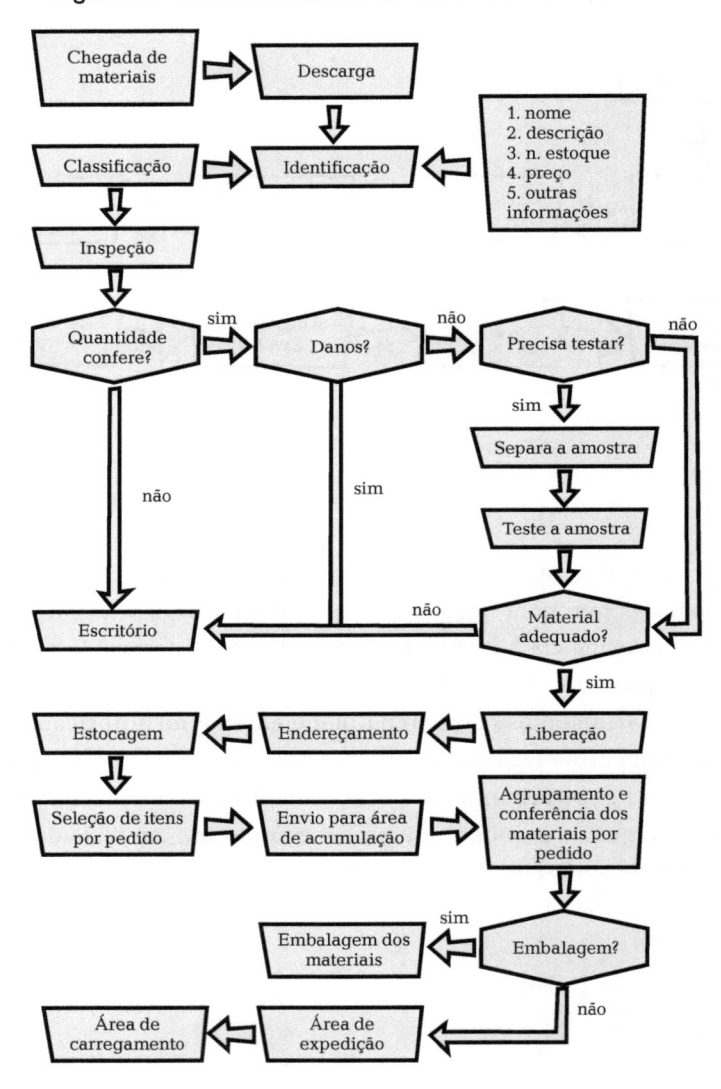

```
Chegada de          Descarga
materiais    ⇨

                      ⇩
                                        1. nome
                                        2. descrição
Classificação  ⇨   Identificação  ⇦    3. n. estoque
                                        4. preço
   ⇩                                    5. outras
Inspeção                                   informações


Quantidade   sim    Danos?   não   Precisa testar?   não
confere?    ⇨              ⇨                        ⇨

                                        sim ⇩
                                   Separa a amostra
      não          sim                  ⇩
                                   Teste a amostra
                                        ⇩
       ⇩            ⇩      não     Material
   Escritório   ⇦         ⇦       adequado?  ⇦
                                        ⇩ sim

   Estocagem  ⇦  Endereçamento  ⇦  Liberação
       ⇩                                ⇧
                                   Agrupamento e
  Seleção de itens    Envio para área    conferência dos
    por pedido    ⇨  de acumulação  ⇨   materiais por
                                         pedido
                                            ⇩
                           sim
                  Embalagem dos  ⇦  Embalagem?
                    materiais
                      ⇩                 não
   Área de          Área de
  carregamento ⇦  expedição    ⇦
```

Fonte: Adaptado de Moura, 2006.

❯❯ Recepção de mercadorias

As atividades na área de recepção do armazém se iniciam com a **chegada das mercadorias** aos armazéns, que geralmente ocorre por meio de caminhões ou vagões ferroviários. Com a descarga da mercadoria nas docas de recebimento, os funcionários da área de recepção são responsáveis pela identificação, classificação, conferência, liberação e endereçamento da mercadoria.

Para o bom desempenho das atividades realizadas pela área de recepção de mercadorias, os funcionários deverão ser treinados e os procedimentos deverão ser padronizados, no intuito de evitar a ocorrência de erros na conferência e na armazenagem da mercadoria. A padronização das atividades é importante, pois independe do funcionário no que diz respeito à realização das atividades. Contudo, depende do funcionário a capacidade de seguir o procedimento ou não.

Entre as atividades da área de recepção, destacam-se: o controle e a programação das entregas, o processamento das informações para o controle dos itens estocados, a análise de documentos e planejamento, programação, controle, sinalização e descarga do veículo (Moura, 2006).

> Para o bom desempenho das atividades realizadas pela área de recepção de mercadorias, os funcionários deverão ser treinados e os procedimentos deverão ser padronizados.

❯❯❯ Conferência de mercadorias

No ato da **conferência da mercadoria**, os funcionários deverão verificar a nota fiscal de entrada quanto às seguintes questões: razão social, quantidade de itens, preço e condições de pagamento. Isso ocorre para verificar se os itens constantes na nota fiscal correspondem à mercadoria entregue. Essa primeira conferência serve para identificação do fornecedor e da mercadoria, como orientação para o funcionário aceitar ou rejeitar a entrega da carga no armazém.

A conferência não deve se restringir apenas às questões indicadas pela nota fiscal, mas também verificar as condições da mercadoria e realizar relatório de recepção, iniciando a segunda conferência, a fim de obter mais informações das mercadorias entregues. Assim, após o descarregamento do veículo, cabe a verificação de data de validade (em caso de produtos perecíveis) e de avarias nas embalagens da mercadoria (amassado, rasgado, quebrado, furado, molhado, aberto, riscado, vazamento etc.).

Produtos comprometidos que não poderão ser utilizados para consumo ou revenda deverão ser identificados, separados e encaminhados para a área de quarentena. O Departamento de Qualidade deverá ser acionado sobre os produtos, cabendo a este a decisão sobre a destinação: utilização, devolução, incineração, destruição etc.

Produtos com temperatura controlada deverão ser conferidos quanto à manutenção das condições de refrigeração ainda dentro do veículo transportador. Uma vez confirmado que a temperatura de transporte corresponde à temperatura adequada do produto, o funcionário poderá aceitar a entrega da mercadoria.

> Produtos comprometidos que não poderão ser utilizados para consumo ou revenda deverão ser identificados, separados e encaminhados para a área de quarentena.

Quando o armazém dispuser de recebimento de diversas mercadorias com naturezas diferentes, a área de recepção deverá ser orientada a priorizar a armazenagem dos produtos perecíveis e com necessidades especiais, como os que abrangem a cadeia do frio.

»» Entrada no estoque de mercadorias

A entrada no estoque de mercadoria corresponde à liberação de produtos para consumo ou revenda. Nesse caso, a mercadoria só poderá ser liberada no estoque quando o procedimento de conferência não detectar erros na entrega dos itens ou avarias graves que impossibilitem a utilização e a revenda do produto. Sendo assim, ele ficará à disposição do Departamento de Produção (quando consumo) ou do Departamento de Vendas (quando revenda).

O primeiro passo para a entrada do produto no estoque é sua identificação. Geralmente, os produtos são codificados de acordo com o sistema de cada empresa, bem como considerando a sua descrição pelo fornecedor ou fabricante. De acordo com Moura (2006), recomenda-se que cada item seja dividido em categorias, para não ser confundido com outro item semelhante. Segundo o autor, existem **dois métodos principais de codificação**: a **descrição escrita** e a **combinação de letras e/ou figuras**.

» **Quadro 4.1** – Métodos de codificação de item

Método	Características
Descrição escrita	Deve ser padronizada, pois podem existir vários meios diferentes de descrever um item, como: fios, cabos etc. A descrição deve ser completa, contendo os detalhes técnicos dos itens, como: espessura, tamanho, material etc.
Combinação de letras ou figuras	Esse método, geralmente, utiliza como base a geração de código, sendo que cada dígito fornece uma informação a respeito do item codificado, como: 1 (natureza do item); 2 (local onde está o item); 3 (fonte fornecedora do item); 4 (vida útil do item) etc. Dessa forma, a elaboração da codificação depende da derivação do item.

Fonte: Adaptado de Moura, 2006.

Após a identificação dos itens, o segundo passo da entrada no estoque é liberá-los. Nesse momento, o funcionário inclui todas as informações da nota fiscal de entrada no sistema da empresa e faz a liberação. A partir daí, todos os departamentos, ao consultar o sistema, conseguem visualizar a disposição dos itens no estoque.

Antes dos sistemas modernos, a liberação dos itens no estoque era realizada de forma manual, o que ainda ocorre em empresas pequenas. Esse tipo de liberação implica em o funcionário entrar manualmente com todas as informações da nota fiscal no sistema, como: razão social, número da nota fiscal de entrada, modalidade de frete, valor de Imposto sobre Operações relativas à Circulação de Mercadorias e Prestação de Serviços de Transporte Interestadual e Intermunicipal (ICMS), valor do frete, seguro, total de Imposto sobre Produtos Industrializados (IPI), número de item, código de mercadoria, Código Fiscal de Operações e Prestações (CFOP), unidade de medida do produto, quantidade, entre outras despesas.

As empresas já estão trabalhando com a interface desses processos por meio de arquivos, facilitando e agilizando o processo de liberação de itens no estoque. A praticidade desse processo ofereceu aos funcionários da área de recebimento mais tempo liberado para outras atividades, como o planejamento e o controle das entregas e da armazenagem dos produtos.

Dessa forma, fornecedores e clientes, por intermédio de *e-mails*, realizam trocas dos arquivos de nota fiscal, bem como por meio de sistemas integrados, oferecendo à área de recepção a oportunidade de realizar a liberação no estoque automaticamente.

Atualmente, com os sistemas modernos de gerenciamento de armazéns, esse procedimento é simples. Além da liberação no estoque, os sistemas possibilitam o endereçamento da mercadoria e sua localização facilmente. Assim, com o sistema de gerenciamento, o funcionário verifica as áreas disponíveis para o acondicionamento da mercadoria e a endereça para o local onde ficará armazenada.

O endereçamento é um procedimento essencial na armazenagem de mercadorias, pois facilita a identificação imediata do item dentro do armazém, proporcionando agilidade no processo de expedição. O sistema de localização do armazém deve estar associado ao seu arranjo físico.

» Manuseio e movimentação de mercadorias

A **movimentação** interna dentro do armazém ocorre após o processo de conferência, liberação da mercadoria no estoque e endereçamento da carga. O **manuseio** diz respeito à atividade de manejar o produto, seja de forma envasada, seja embalada. Já a movimentação trata do deslocamento da mercadoria da área de recepção para o local onde ficará armazenada, bem como o deslocamento desse ponto até a área de expedição. Em resumo, dentro do armazém ocorrem dois fluxos de mercadorias que dão origem a duas necessidades de movimentação da mercadoria interna: o fluxo de entrada e o de saída.

Tanto a atividade de manuseio quanto a movimentação podem ocorrer de forma manual ou automática, dependendo da tecnologia utilizada pela empresa. Existem diversos equipamentos de movimentação disponíveis no mercado que oferecem soluções para facilitar as operações internas no armazém, como vimos no capítulo anterior.

> O endereçamento é um procedimento essencial na armazenagem de mercadorias, pois facilita a identificação imediata do item dentro do armazém, proporcionando agilidade no processo de expedição.

» Expedição de mercadorias

O trabalho realizado pela área de **expedição** é similar ao da área de recebimento – mas, no sentido oposto. Enquanto o recebimento confere a mercadoria entregue pelos fornecedores e libera a entrada no estoque, bem como acondiciona a mercadoria adequadamente no armazém, a expedição confere a mercadoria vendida para clientes e separa as mercadorias, buscando-as nos locais de acondicionamento e agrupando-as por pedido de venda. A baixa dos itens no estoque ocorre no momento do faturamento do pedido de venda. Assim, essa atividade só é realizada pela expedição quando esta é responsável pelo faturamento de pedidos, o que, geralmente, não ocorre.

A principal responsabilidade da área de expedição é garantir que o pedido de venda – ou seja, a solicitação do cliente – seja atendida perfeitamente. Assim, a expedição deverá observar a codificação dos itens, para garantir que o cliente receba exatamente o que pediu, bem como verificar a quantidade, o peso, o lote e a embalagem. Se o produto for perecível, deve observar a data de validade ou as condições especiais de transporte, como para produtos refrigerados e/ou perigosos.

A área de expedição é responsável pelo planejamento das entregas e, portanto, deve planejar o transporte, a distância entre o armazém e o cliente, a quantidades de coletas e as datas de entregas. Tudo isso deve ser feito sempre respeitando a necessidade do cliente, os números de embarques e a quantidade total, o peso e o volume das mercadorias (Moura, 2006).

» Segurança no armazém

A **segurança** é essencial e deve ser observada nas operações de armazenagem por todos os funcionários. Existem diversas normas para cada tipo específico de armazéns, como normas para armazenagem de produtos gerais, produtos farmacêuticos, produtos fitossanitários e produtos perigosos, entre outras.

Nesse contexto, trataremos de algumas normas gerais, mas não abrangeremos todas. Por isso, recomendamos que você busque as normas relacionadas ao armazém em que trabalha ou atua, para entender melhor sobre as questões de segurança.

A NR-11, de 8 de junho de 1978, que trata de transporte, movimentação, armazenagem e manuseio de materiais e dispõe sobre normas de segurança para operação de elevadores, guindastes, transportadores industriais e máquinas transportadoras (Brasil, 1978). Dentre as recomendações da norma, sendo todas de importância para a segurança dos funcionários e devendo ser obedecidas para o bom funcionamento do estabelecimento, destacamos as seguintes:

> *11.1.3 Os equipamentos utilizados na movimentação de materiais, tais como ascensores, elevadores de carga, guindastes, monta-carga, pontes-rolantes, talhas, empilhadeiras, guinchos, esteiras-rolantes, transportadores de diferentes tipos, serão calculados e construídos de maneira que ofereçam as necessárias garantias*

de resistência e segurança e conservados em perfeitas condições de trabalho. [...]

11.1.5 Nos equipamentos de transporte, com força motriz própria, o operador deverá receber treinamento específico, dado pela empresa, que o habilitará nessa função. [...]

11.1.7 Os equipamentos de transporte motorizados deverão possuir sinal de advertência sonora (buzina).

11.1.8 Todos os transportadores industriais serão permanentemente inspecionados e as peças defeituosas, ou que apresentem deficiências, deverão ser imediatamente substituídas. [...]

11.3.1 O peso do material armazenado não poderá exceder a capacidade de carga calculada para o piso.

11.3.2 O material armazenado deverá ser disposto de forma a evitar a obstrução de portas, *equipamentos contra incêndio, saídas de emergências etc.*

11.3.3. Material empilhado deverá ficar afastado das estruturas laterais do prédio a uma distância de pelo menos 0,50 m (cinquenta centímetros).

11.3.4 A disposição da carga não deverá dificultar o trânsito, a iluminação, e o acesso às saídas de emergência.

11.3.5 O armazenamento deverá obedecer aos requisitos de segurança especiais a cada tipo de material.
(Brasil, 1978)

Três pontos são essenciais para garantir a segurança no armazém:
1) Ter cuidado com os equipamentos de movimentação (manutenção preventiva) e treinamento de funcionários para sua utilização (capacitação).
2) Observar a capacidade de armazenagem da instalação (não exceder a capacidade do piso). Para tanto, é preciso planejar a quantidade de carga armazenada.
3) Atender aos requisitos de segurança para cada tipo de material (verificar as normas vigentes para a armazenagem de cada produto).

>>> Estudo de caso*

Logística do frio para produtos lácteos

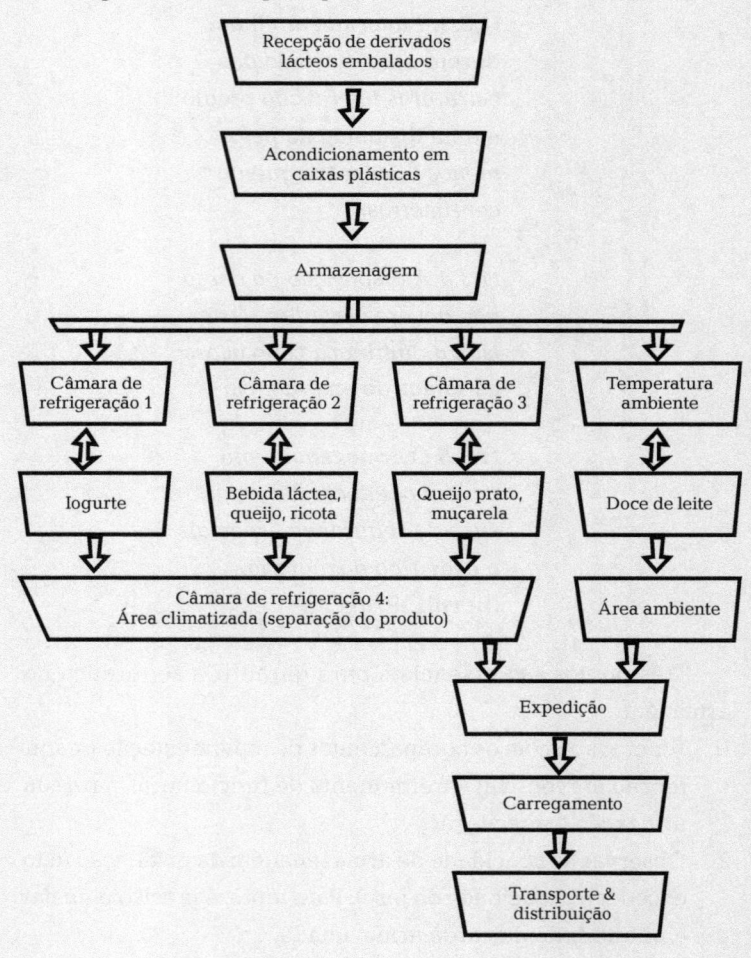

```
┌─────────────────────────┐
│ Recepção de derivados   │
│ lácteos embalados       │
└───────────┬─────────────┘
            ⇩
┌─────────────────────────┐
│ Acondicionamento em     │
│ caixas plásticas        │
└───────────┬─────────────┘
            ⇩
┌─────────────────────────┐
│      Armazenagem        │
└─┬─────────┬─────────┬───┴─────┐
  ⇩         ⇩         ⇩         ⇩
Câmara de  Câmara de  Câmara de  Temperatura
refrigeração 1  refrigeração 2  refrigeração 3  ambiente
  ⇩         ⇩         ⇩         ⇩
Iogurte    Bebida láctea,  Queijo prato,  Doce de leite
           queijo, ricota  muçarela
  ⇩         ⇩         ⇩         ⇩
Câmara de refrigeração 4:           Área ambiente
Área climatizada (separação do produto)
                    ⇩         ⇩
                 Expedição
                    ⇩
                 Carregamento
                    ⇩
                 Transporte &
                 distribuição
```

* Adaptado de Agapito; Prudêncio, 2008.

Alguns produtos seguem a cadeia logística do frio, como produtos farmacêuticos, alimentícios etc. A *logística do frio* é assim chamada pela condição exigida de refrigeração do produto durante suas atividades logísticas, como armazenagem e transporte. Os produtos lácteos seguem a configuração da cadeia do frio, pois essa condição é uma necessidade para inibir a contaminação por microrganismos e outras situações que levam à perda do produto ou o deixam impróprio ao uso ou consumo.

A partir do fluxo de armazenamento, transporte e distribuição de produtos lácteos mostrado no diagrama, percebemos que, após a recepção dos produtos derivados de leite (iogurte, bebidas lácteas, queijos, ricotas, queijos prato e muçarela), estes são acondicionados em caixas plásticas e armazenados em câmaras de refrigeração. Naturalmente, pelo fluxograma, visualizamos a distribuição desses produtos em três câmaras de refrigeração. Isso geralmente ocorre devido ao fato de os produtos exigirem diferentes faixas de temperaturas.

Já o produto derivado "doce de leite" se mantém armazenado em temperatura ambiente, pois não requer tratamento especial. Quando ocorre o faturamento de pedidos e é necessário realizar o processo de expedição, notamos que os produtos refrigerados são separados de suas câmaras refrigeradas de armazenagem e direcionados para outra câmara de refrigeração. Particularmente, para armazéns projetados para atender produtos refrigerados, deve-se manter o que, na prática, chamamos de *antecâmara*, que é uma área climatizada na qual os funcionários fazem a separação do produto, embalam (quando for o caso), identificam, conferem e enviam para a área de expedição. Após a expedição do produto, deve ser feito o carregamento e o transporte dele, também em caminhões refrigerados, até o ponto de consumo e/ou revenda.

A armazenagem dos produtos lácteos exige alguns cuidados como: controle de temperatura, umidade relativa do ar, velocidade do ar, registro e identificação do lote (data de validade, origem e outras informações). Outro ponto a ser observado é o carregamento dos produtos lácteos refrigerados, que deve ser realizado de forma cuidadosa e rápida para manter a temperatura do produto nas condições exigidas. Por isso, a operação para esses produtos deve ser priorizada.

Agora que você observou a logística do frio para os produtos lácteos, que tal pesquisar o que acontece com uma importante cadeia do frio brasileiro: a de frango de corte. O frango brasileiro e seus cortes são exportados para diversos locais do mundo e necessitam de muitos cuidados. Faça uma pesquisa e veja como é sua produção e como os frigoríficos fazem para garantir que esses produtos cheguem aos mercados consumidores em perfeitas condições e na temperatura correta.

» Utilização dos equipamentos de proteção individual (EPIs) no armazém

O treinamento dos funcionários e a utilização dos equipamentos de proteção individual (EPIs) são obrigatórios para todos os envolvidos nas operações de armazenagem.

As operações realizadas dentro de um armazém oferecem diversos riscos aos funcionários. São comuns acidentes com empilhadeiras, riscos relacionados à armazenagem de produtos perigosos, circuito elétrico do armazém, quedas de mercadorias, intoxicação respiratória etc.

O **treinamento** dos funcionários e a **utilização dos equipamentos de proteção individual** (EPIs) **são obrigatórios** para todos os envolvidos nas operações de armazenagem. Faz parte das recomendações a sinalização e as orientações aos funcionários quanto à presença de riscos. A Portaria n. 25, de 15 de outubro de 2001, altera a NR-6 sobre a utilização do equipamento de proteção individual. Em resumo, a NR-6, alterada pela Portaria n. 25/2001, providencia esclarecimentos sobre os EPIs, considerando estes como todo dispositivo ou produto, de uso individual pelo trabalhador, destinados à proteção dos riscos inerentes às atividades que podem ameaçar a saúde ou a vida dos funcionários (Brasil, 2001). Além disso, dispõe sobre as obrigações do empregador, atribuindo a este o fornecimento obrigatório e gratuito de todos os EPIs necessários para execução das atividades de seus funcionários, o treinamento destes quanto ao uso adequado e a exigência de seu uso. Além disso, cabe ao empregador substituir imediatamente o EPI danificado ou extraviado, entre outras questões.

A Portaria trata ainda das responsabilidades do funcionário, do fabricante de EPIs, sobre o Certificado de Aprovação dos EPIs e entre outros procedimentos. A Figura 4.3 apresenta alguns tipos de EPIs usados dentro de um armazém.

» **Figura 4.3** – Alguns exemplos de EPIs

Capacete de proteção:

| Capacete com catraca |  | Capacete com refletivo |  |

Proteção visual:

| Óculos incolor |  | Óculos com ventilação indireta |  |

Proteção auditiva:

| Kit abafador de ruídos |  | Protetor auditivo |  |

Proteção respiratória:

| Respirador |  | Respirador radionuclídeos e particulados altamente tóxicos |  |

Crédito(s): Fotolia

(continua)

(Figura 4.3 – conclusão)

Calçados de proteção:

Bota PVC Cano Longo com biqueira de aço		Botina com biqueira termoplástica	

Luvas de proteção:

Luva Alta Tensão		Luva Chemi-Pro	

Crédito(s): Fotolia

›› Questão para reflexão

Como incentivar o uso de EPIs nas operações dentro do armazém? Uma das tarefas mais difíceis de qualquer gestor de armazém é conscientizar os colaboradores sobre o uso de EPIs. Muitas são as justificativas dos empregados, uns porque acham que não há risco, outros porque acham que incomodam e atrapalham seu trabalho. Pesquise sobre o assunto. Se você trabalha em um armazém, converse com as pessoas e proponha uma solução para esse problema.

›› Armazenamento de produtos perigosos

As operações internas (manuseio e movimentação) e externas nos armazéns, no que se refere ao transporte de produtos perigosos, são atividades complicadas de serem realizadas, devido à complexidade e ao risco envolvido. Para a redução dos riscos nessas operações, o atendimento às normas de qualidade e segurança é fundamental. Qualquer erro pode ser fatal, pois estamos falando de produtos com índices de intoxicação alta, inflamáveis, corrosivos explosivos, entre outros.

Tais riscos envolvem os ambientes interno e externo como um todo, bem como os funcionários que atuam nessas atividades. Dessa forma, instalações adequadas, preparadas para o armazenamento desse tipo de materiais, utilização de equipamentos adequados ao produto, sinalização correta e capacitação dos funcionários são pré-requisitos cada vez mais importantes e exigidos para evitar situações desastrosas.

Em termos gerais, recomenda-se que os funcionários envolvidos nas operações logísticas com produtos perigosos façam o curso de Movimentação Operacional de Produtos Perigosos (MOPP) por instituições conceituadas. Este livro não pretende oferecer todo o conhecimento necessário para o trabalho com produtos perigosos, mas fornecer a base de informações necessárias para "preocupar" as pessoas envolvidas nessas operações de risco e conscientizá-las da necessidade de aprofundar seus conhecimentos sobre os produtos perigosos e incentivar a realização do MOPP.

Geralmente, dentro de um armazém com operações com produtos perigosos, apenas alguns funcionários – muitas vezes apenas um – recebem o treinamento sobre tais produtos, sendo estes os responsáveis pelo manuseio e pela movimentação dos produtos perigosos. A recomendação aqui, particularmente, é que todos os funcionários que trabalham no armazém deveriam ter noções sobre as operações com produtos perigosos. Como já alertamos, qualquer erro poderá ser fatal para todo o armazém e para todos os funcionários, independentemente de serem responsáveis ou não pela área de produtos perigosos.

Podemos considerar como **produto perigoso** qualquer material sólido, líquido ou gasoso que seja tóxico, radioativo, corrosivo, quimicamente reativo ou instável durante a estocagem prolongada, em quantidades que representam ameaça à vida, à propriedade ou ao meio ambiente. Os produtos perigosos recebem classificação pela Organização das Nações Unidas (ONU), que os divide em **classes de riscos**.

> Produto perigoso é qualquer material sólido, líquido ou gasoso que seja tóxico, radioativo, corrosivo, quimicamente reativo ou instável durante a estocagem prolongada, em quantidades que representam ameaça à vida, à propriedade ou ao meio ambiente.

» **Quadro 4.2** – Classificação de risco dos produtos perigosos

Classificação	Subclasse	Descrição
Classe 1: explosivos	1.1	Substâncias e artigos com risco de explosão em massa.
	1.2	Substâncias e artigos com risco de projeção e sem risco de explosão em massa.
	1.3	Substâncias e artigos com risco de fogo e com pequeno risco de explosão e/ou de projeção, mas sem risco de explosão em massa.
	1.4	Substâncias e artigos que não apresentam risco significativo.
	1.5	Substâncias muito insensíveis, com risco de explosão em massa.
	1.6	Artigos extremamente insensíveis, sem risco de explosão em massa

(continua)

(Quadro 4.2 – continuação)

Classificação	Sub-classe	Descrição
Classe 2: gases	2.1	Gases inflamáveis: inflamáveis a 20 °C e à pressão normal.
	2.2	Gases não inflamáveis, não tóxicos: asfixiantes e oxidantes, que não se enquadrem em outra subclasse.
	2.3	Gases tóxicos: tóxicos e corrosivos que constituam risco à saúde das pessoas.
Classe 3: líquidos inflamáveis	–	Líquidos inflamáveis: líquidos, misturas de líquidos ou líquidos que contenham sólidos em solução ou suspensão que produzam vapor inflamável a temperaturas de até 60,5 °C.
Classe 4: sólidos inflamáveis	4.1	Sólidos inflamáveis, substâncias autorreagentes e explosivos sólidos insensibilizados.
	4.2	Substâncias sujeitas à combustão espontânea: substâncias sujeitas a aquecimento espontâneo em condições normais de transporte ou a aquecimento em contato com o ar, podendo inflamar-se.
	4.3	Substâncias que, em contato com a água, emitem gases inflamáveis: substâncias que, por interação com a água, podem se tornar espontaneamente inflamáveis ou liberar gases inflamáveis em quantidades perigosas.

(Quadro 4.2 – conclusão)

Classificação	Sub-classe	Descrição
Classe 5: substâncias oxidantes	5.1	Substâncias oxidantes: substâncias que podem causar a combustão de outros materiais ou contribuir para isso.
	5.2	Peróxidos orgânicos: poderosos agentes oxidantes periodicamente instáveis, podendo sofrer decomposição.
Classe 6: sustâncias tóxicas	6.1	Substâncias tóxicas: substâncias capazes de provocar morte, lesões graves ou danos à saúde humana se ingeridas ou inaladas, ou se entrarem em contato com a pele.
	6.2	Substâncias infectantes: substâncias que podem provocar doenças infecciosas em seres humanos ou em animais.
Classe 7: materiais radioativos	–	Qualquer material ou substância que emite radiação.
Classe 8: corrosivos	–	Substâncias que, por ação química, causam severos danos quando em contato com tecidos vivos.
Classe 9: substâncias perigosas diversas	–	Substâncias que apresentam, durante o transporte, um risco abrangido por nenhuma das outras classes.

Fonte: Adaptado de ANTT, 2013.

» Simbologia de produtos perigosos

A **sinalização dos produtos perigosos** é fundamental para alertar os funcionários sobre os riscos inerentes à atividade. Além disso, a identificação do produto perigoso é outro requisito importante para orientar o funcionário quanto ao correto manuseio, à movimentação, à armazenagem e ao transporte. Para auxiliar nessas tarefas, a aplicação das placas de advertência e de identificação são essenciais. É muito comum vermos essas placas nos caminhões de transporte de produtos perigosos. O Anexo desta obra apresenta a **simbologia das placas de riscos** para todas as classes.

Nas áreas de armazenagem de produtos perigosos é comum a fixação de um grande painel com a tabela de incompatibilidade dos materiais, possibilitando a visualização e a orientação dos funcionários sobre quais materiais podem ser armazenados juntos ou não. Além disso, existem as placas informativas de *Acesso restrito* e *Perigo*, entre outras. Geralmente são áreas cercadas e isoladas das demais áreas do armazém.

»» Estudo de caso*

Procedimentos para armazenagem de produtos perigosos nas instalações da Companhia das Docas do Estado da Bahia (Codeba)

A Companhia das Docas do Estado da Bahia (Codeba) dispõe de procedimentos internos para a movimentação, armazenagem e transporte de produtos perigosos. Observando as questões de armazenagem, a Codeba estabelece que deverá ser destinada previamente uma área e fixadas condições para armazenagem desses produtos. Além disso, alerta sobre as condições de armazenamento, orientando os funcionários a

* Adaptado de Bahia, 2012.

observarem a NR-29, em especial a tabela de segregação, para prevenir riscos inerentes à operação com produtos perigosos. É recomendada a vigilância permanente, bem como inspeções periódicas nas áreas, em embalagens, máquinas e equipamentos de movimentação desses produtos. Estes devem ser armazenados e mantidos de tal forma que não haja interação com outros produtos, cargas ou materiais incompatíveis, em especial alimentos.

Nas áreas de armazenagem de produtos tóxicos, quando fechadas, é necessário dispor de um sistema de ventilação forçada, para controle do risco de fontes de calor, faíscas, chamas etc. Outro ponto importante é a adoção de medidas contra incêndios e explosões no local de operação, incluindo a proibição de fumar e o controle de qualquer fonte de ignição ou de calor.

» **Gases e líquidos inflamáveis** (classes 2 e 3) – Depositar os recipientes de gases em lugares arejados e protegidos de raios solares; segregar em todas as etapas os gases, líquidos inflamáveis e tóxicos dos produtos alimentícios e das demais classes de incompatibilidade; isolar a área a partir do ponto de suas operações; alojar os equipamentos de combate a incêndios para utilização em caso de emergência; realizar a sinalização adequada da área.

» **Sólidos e outras substâncias inflamáveis** (classe 4) – Adotar medidas preventivas para controle de risco de explosão, incêndios, toxidez e corrosividade, além de prevenir contra qualquer fonte de ignição. Adotar medidas que impeçam o contato com a água, para evitar o risco de substâncias sujeitas a combustão espontânea e perigosas em contato com a água, bem como sinalizar a área para advertências dos envolvidos na operação.

» **Substâncias oxidantes e peróxidos orgânicos** (classe 5) – Adotar medidas de prevenção contra riscos de corrosão e toxidez; impossibilitar o contato desses produtos com materiais ácidos, óxidos metálicos e animais; monitorar a temperatura externa dos tanques para controlar o limite máximo citado.

» **Substâncias tóxicas, infectantes, nocivas e venenosas** (classe 6) – Segregar esses produtos de alimentos; restringir o acesso à área somente a funcionários responsáveis; dispor de conjuntos adequados de equipamentos de proteção coletiva (EPC) e equipamentos de proteção individual (EPI), para o caso de avarias ou na movimentação de granéis; proibir a participação de trabalhadores portadores de erupção, úlceras ou cortes na pele no manuseio desses produtos.

» **Materiais radioativos** (classe 7) – Obedecer as normas de segregação desses produtos; monitorar e controlar a exposição de trabalhadores às radiações; adotar medidas de isolamento em relação às pessoas e outras cargas, estabelecendo zonas de segurança.

» **Substâncias corrosivas** (classe 8) – Adotar medidas de segurança que impeçam o contato com o produto; utilizar medidas de proteção contra incêndio e explosões e controle de qualquer fonte de ignição; dispor no local de operações materiais de absorvedor natural apropriado, para conter derramamentos.

» **Sustâncias perigosas diversas** (classe 9) – Adotar medidas preventivas de riscos desses produtos; rotular as embalagens com o nome técnico; adotar medidas contra incêndio e explorações; dispor de local apropriado e material absorvedor natural; adotar medidas de controle de aerodispersoides.

Agora vamos praticar um pouco. Diariamente, milhares de caminhões transportam combustíveis pelas cidades brasileiras.

Você sabe quais são os cuidados tomados? E sabe quais são os números da ONU? E os procedimentos em caso de emergência? Pesquise na internet, visite empresas de transporte, converse com órgãos públicos responsáveis pela fiscalização em sua cidade. Faça um pequeno guia e guarde com você, pois certamente isso facilitará muito a sua vida profissional quando estiver lidando com o transporte e a armazenagem de produtos perigosos.

>>> Para saber mais

PORTAL PRODUTOS PERIGOSOS. Disponível em: <http://www.produtosperigosos.com.br/home.php>. Acesso em: 5 maio 2015.

Nesse portal, você encontra diversas informações sobre os produtos perigosos, as quais lhe possibilitarão compreender melhor os riscos e a melhor forma para manusear esse tipo de produto.

» Síntese

Neste capítulo, verificamos os fluxos de entrada e saída de materiais nos armazéns e a necessidade de utilização de equipamentos de proteção individual nas movimentações dentro dos depósitos. Além disso, analisamos o armazenamento de produtos perigosos, os quais devem ter um tratamento especial na sua movimentação para evitar riscos à saúde humana.

» Exercício resolvido

Qual a melhor maneira de se armazenar produtos perigosos?

Resposta:
Os produtos perigosos precisam de cuidados especiais. Quando do recebimento desse tipo de produto, estes não podem ser armazenados com os demais. Devem ser guardados em áreas específicas, nas quais o funcionário que os manuzeará tenha treinamento especializado. Além disso, os sistemas de segurança, como extintores e lançadores de água, devem estar em condições de utilização em caso de emergência e o acesso a essa área deve ser controlado.

» Questões para revisão

1) Qual a importância do manuseio para as operações logísticas?

2) Dentro do armazém, quando ocorre a movimentação interna e o manuseio?

3) Com relação aos equipamentos de proteção individual (EPI), é correto afirmar:
   a. São de uso coletivo e destinados à proteção dos riscos da atividade, sendo facultativo o fornecimento pelo empregador.
   b. São de uso individual e destinados à proteção de riscos da atividade, sendo facultativo o fornecimento pelo empregador.

c. São de uso coletivo e destinados à proteção dos riscos da atividade, sendo obrigatório o fornecimento pelo empregador, com cobrança de uma taxa de 10% do custo do EPI quando de sua utilização pelo funcionário.

d. São de uso individual e destinados à proteção de riscos da atividade, sendo obrigatório o fornecimento pelo empregador gratuitamente.

4) Com relação aos produtos perigosos, é **incorreto** afirmar:
   a. Exigem manuseio, movimentação, armazenagem e transporte especiais, devido à complexidade envolvida nas operações.
   b. Oferecem riscos para os ambientes interno e externo, bem como para a saúde e a vida dos envolvidos nas operações.
   c. Somente os motoristas que transportam produtos perigosos necessitam realizar o curso Movimentação Operacional de Produtos Perigosos (MOPP) por, no mínimo, 6 meses.
   d. Dentro do armazém, deve haver uma área segregada, cercada e devidamente sinalizada, com restrição ao fluxo de funcionários, para a armazenagem de produtos perigosos, sendo controlada pelo funcionário responsável.

5) A saída de materiais das empresas é feita por qual departamento?
   a. Expedição.
   b. Recebimento.
   c. *Marketing.*
   d. Produção.

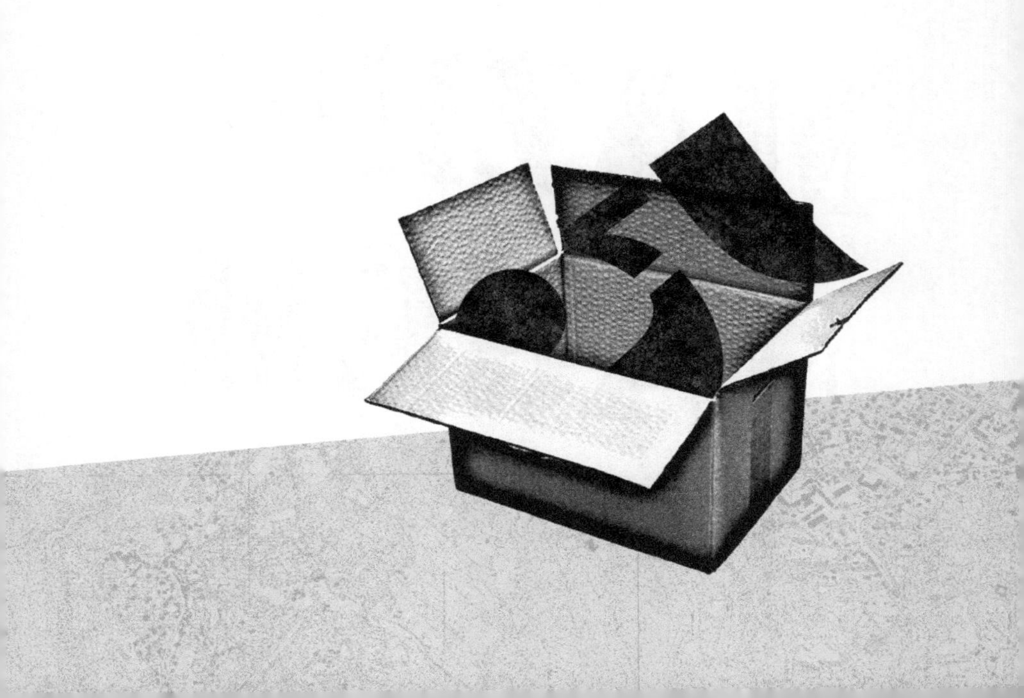
5

EMBALAGENS DE ARMAZENAGEM

》》 Conteúdos do capítulo

» Conceito e história das embalagens.
» Os diferentes tipos de embalagens.
» Características das embalagens.

》》 Após o estudo deste capítulo, você será capaz de:

1. reconhecer a importância das embalagens para a armazenagem;
2. identificar os diferentes tipos de embalagem;
3. determinar as embalagens que devem ser usadas na armazenagem.

Imagine como seria transportar um produto sem embalagem. Se estivéssemos, talvez, transportando um caminhão ou um carro, não teríamos dificuldade. E se, pelo contrário, fôssemos transportar grãos de arroz? Conseguiu imaginar o trabalho envolvido? É para facilitar o transporte, a comercialização e a armazenagem que existem as **embalagens**, as quais visam proteger os produtos ao longo da cadeia de suprimentos até o momento que serão consumidos. Neste capítulo, vamos compreender melhor o papel das embalagens e conhecer suas variantes e características.

» Embalagens

> *A embalagem é um outdoor repetitivo e formador da memória mental do usuário.*
>
> (Gurgel, 2007)

A boa guarda dos produtos começa no contenedor, ou **embalagens**, desses produtos. Muito mais do que simplesmente uma peça de *marketing*, elas são responsáveis pela conservação do produto e, dependendo da embalagem, pela facilitação das operações de movimentação em transporte. Nenhum consumidor gostaria de comprar um televisor e, ao chegar em casa, descobrir que ele está quebrado pela proteção inadequada da embalagem. Da mesma maneira, ninguém gostaria de ficar doente por consumir um produto que estragou porque a embalagem não o conservou corretamente.

Para entender um pouco mais sobre as embalagens, vamos voltar no tempo. Nos anos de 1920, o sucesso das embalagens era o papel encerado e, posteriormente, as folhas de alumínio, que foram reconhecidas pelas suas propriedades de barreira funcional e passaram a ser utilizadas nas embalagens de balas. Já nos anos de 1930, iniciou-se a era das películas, com a introdução do papel celofane, aperfeiçoado pelo pesquisador William Hale Charch, que desenvolveu as embalagens à prova de umidade para a empresa DuPont. Os fabricantes de cigarro aderiram à ideia, e o celofane passou a ser utilizado também nas embalagens de carne, bacon, frios etc.

Assim, até os anos de 1940, os materiais utilizados para embalagens eram o papel encerado, o alumínio e o celofane. Nos anos de 1950, houve uma produção em larga escala de borrachas sintéticas a uma extensiva pesquisa no campo da química dos polímeros, o que levou ao desenvolvimento de outros materiais plásticos. Já nos anos de 1960 e 1970, surgiram as máquinas automáticas de embalagens e a tecnologia do código de barras (Gurgel, 2007).

Atualmente, existem diversos materiais utilizados para a fabricação das embalagens, sendo que os mais conhecidos são: papel, madeira, vidro e plásticos. A diferença entre as embalagens atuais e as antigas consiste nas novas demandas da sociedade, associadas às questões de sustentabilidades que, a partir dos anos de 1990, tornaram-se mais fortes. Desde então, a função da reciclagem começou a ser uma ação importante, traduzida nos **três "Rs" da sustentabilidade:** *reduzir, reutilizar* e *reciclar*. Outros "Rs" vêm sendo agregados aos três, como *reparar, reintegrar, repensar* e *recusar*.

»» Questão para reflexão

Você já pensou como seria o produto sem sua embalagem? Podemos dizer que seria sem cor, sem atratividade, sem praticidade, sem graça e até sem emoção. Como seria carregar um quilo de feijão sem a embalagem? Ou um quilo de açúcar? Ou um quilo de manteiga? E o leite?

»» O que são embalagens?

O recipiente para o transporte e a guarda dos alimentos, ao longo da história, passou de uma simples função de agrupar e conter alimentos para uma complexa e importante ferramenta de gestão de materiais e *marketing*. Isso se fortaleceu com a necessidade de um recipiente mais resistente para o transporte de longas distâncias e se tornou símbolo de sucesso na conservação do produto e na propaganda silenciosa do mundo das cores e das letras.

Atualmente, **a embalagem faz parte do projeto do produto** e ganhou espaço decisivo na redução dos custos de estocagem e na facilidade no manuseio. Além disso, os conceitos de produção mais limpa e sustentabilidade impulsionaram o surgimento das embalagens ecológicas.

O conceito mercadológico da embalagem surgiu com a produção em massa e a expansão da indústria durante a Revolução Industrial, quando novos materiais, como a folha-de-flandres e o papel-cartão, possibilitaram a criação de novas embalagens. Além disso, a tecnologia de impressão em cores permitiu maior competição entre os fabricantes, com rótulos coloridos e imagens atraentes para chamar a atenção do consumidor (Mestriner, 2007).

A **embalagem** é **definida** como o **invólucro ou recipiente usado para acondicionar materiais**, ou seja, objetos, bens etc. Essa definição simples confere a ela apenas o papel de guarda dos bens, dando pouca ênfase à sua função, mas a concepção de embalagem envolve questões como o desenvolvimento de projeto, a produção da embalagem em si e o rótulo para o produto. De acordo com a Associação Brasileira de Embalagem (Abre, 2011), ela "é um recipiente ou envoltura que armazena produtos temporariamente, individualmente ou agrupando unidades, tendo como principal função protegê-lo e estender o seu prazo de vida (*shelf life*), viabilizando sua distribuição, identificação e consumo".

Dentre os diversos benefícios proporcionadas pela embalagem, Keller e Machado (2006) afirmam que uma das associações mais fortes que os consumidores têm com a marca está relacionada à aparência de sua embalagem, que passa a ser um meio de reconhecimento da marca pelos consumidores.

Segundo Razzolini Filho (2012), existem vários fatores que contribuíram e ainda contribuem para a valorização da embalagem na administração do produto. Destacamos os seguintes:

> A concepção de embalagem envolve questões como o desenvolvimento de projeto, a produção da embalagem em si e o rótulo para o produto.

» **Crescimento do autosserviço** – As embalagens desempenham papel de venda, como atrair a atenção do cliente, apresentar e reforçar os aspectos principais do produto.
» **Imagem da organização** – As embalagens contribuem para o reconhecimento da organização.
» **Imagem da marca** – As embalagens auxiliam na construção da imagem da marca.

» **Aumento do poder aquisitivo do cliente** – Os clientes/consumidores estão cada vez mais dispostos a pagar mais pela conveniência, pela aparência, pela confiabilidade da marca e pelo prestígio que determinadas marcas oferecem.

» **Oportunidade de inovação** – As embalagens inovadoras trazem benefícios para o cliente/consumidor e, como resultado, lucros para a organização, à medida que são utilizadas pelo mercado.

Esses fatores são importantes para a evolução do setor de embalagens. Antes de prosseguirmos, leia o estudo de caso a seguir.

››› Estudo de caso*

Evolução das embalagens do leite condensado

Em 1866, os americanos Charles e George Page fundaram a Anglo-Swiss Condensed Milk Company, fabricante do leite condensado. Em 1905, a Anglo-Swiss Condensed Milk Company e a Société Nestlé se fundiram, dando origem à empresa Nestlé and Anglo-Swiss Condensed Milk Company. No Brasil, o registro da primeira fábrica da Nestlé é de 1921, em Araras (São Paulo), com a aquisição da Companhia Ararense de Leiteria, que produzia leite condensado desde 1913. Seis anos depois da aquisição, em 1927, a Nestlé comunicou aos consumidores que o leite condensado de marca Ararense adotaria a marca Moça e, em seguida, passou a estampar o rótulo "Leite Condensado Marca Moça". A moça leiteira da imagem do rótulo foi tão expressiva que os consumidores brasileiros passaram a chamar o produto de "leite da moça".

* Adaptado de Nestlé Brasil, 2015.

Em 1930, o Leite Moça apareceu como o principal produto em um dos livros de receitas publicados pela Nestlé no Brasil. Em 1954, foi realizada a veiculação dos primeiros comerciais de produtos da Nestlé, como o Leite Moça, na TV Tupi (canal 3 de São Paulo), o qual mostrava duas moças, uma cortando laranjas e a outra com uma revista aberta sobre a mesa, olhando a página do anúncio do Leite Moça (Campanha Pudim de Laranja) e mostrando a receita com o seu dedo indicador. Posteriormente, foram mostrados os preparativos do pudim e, hora e meia depois, o pudim de laranja estava pronto, sendo levado pela moça até mesa onde se encontravam pessoas (a família, amigos), os quais demonstravam alegria por estarem prestes a provar o pudim de laranja feito com Leite Moça. Era focado, então, o garoto que esperava ansioso pelo seu pedaço de pudim.

Em 1960, a Nestlé buscou a consolidação da histórica campanha "Você faz maravilhas com Leite Moça", que terminou por se estender até o começo dos anos 1990, ou seja, a campanha durou mais de 30 anos.

Em 1962, teve início a tradição de publicar receitas em rótulos de produtos, começando com o Leite Moça: Pudim e Doce de Leite. Em 1998, a Nestlé lançou o Leite Moça desnatado, para atender a um público preocupado com a saúde. Em 2004, a Nestlé lançou a lata litografada do Leite Moça, tradicional e em formato anatômico, incluindo a campanha do "Fale com a Moça", para fornecer consultoria culinária aos consumidores. Em 2009, a

Crédito: Divulgação

empresa lançou o Leite Moça *Light* e, em 2014, a lata *slim* de Leite Moça tradicional, de 395 gramas, com sistema abre-fácil, retornando com as receitas no rótulo de papel, atendendo a pedidos de consumidores.

Evolução das embalagens do Leite Moça no Brasil:

Crédito: Divulgação

Até 2014, o Leite Condensado Moça sofreu 16 alterações em suas embalagens. Gurgel (2007) explica que as embalagens se alteram no decorrer do tempo devido alguns fatores, como:

» **Porções** – Necessidade de distribuição de produtos em quantidades necessárias para utilização das famílias.
» **Tecnologia** – Introdução de novos materiais no mercado em razão do desenvolvimento tecnológico.
» **Competição** – Decorrente da necessidade de *marketing*, geradas pelo ambiente externo competitivo.
» **Preservação** – Necessidade de preservação do produto na distribuição logística para maiores distâncias etc.

Sendo assim, podemos concluir que as embalagens são contenedores que têm a função de acondicionar os produtos com a finalidade de facilitar a comercialização e possibilitar o transporte econômico das mercadorias. Elas permitem não só deixar o produto comercializável com uma quantidade mínima, mas também transportar em grandes quantidades, tornando as operações de movimentação e de transporte economicamente viáveis.

Faça, agora, uma lista dos cinco produtos que você mais consome. Identifique todas as embalagens envolvidas na cadeia de suprimentos, desde o momento em que estes são produzidos até o momento que você os consome. Discuta, então, se algumas delas poderiam ser eliminadas do processo e justifique o motivo.

» Cadeia produtiva da embalagem

Em 2009, a indústria global de embalagem contabilizou vendas em torno de 485 bilhões de dólares, incluindo máquinas para fabricação de embalagens. O setor, representado por uma gama de indústrias – como a alimentícia, a de bebidas, a farmacêutica, a de cosméticos e a de bens de consumo –, tem se tornado essencial para a economia mundial (WPO, 2008).

De acordo com Romeiro Filho e Miguel (2010), a indústria de embalagens no Brasil envolve cerca de 1,3% do Produto Interno Bruto (PIB), bem como está equipada para oferecer quase todas as soluções globalizadas, uma vez que empresas multinacionais estão presentes no mercado brasileiro, proporcionado inovações e recursos tecnológicos para o setor. As embalagens representam um dos aspectos importantes quanto à diferenciação competitiva por preço, pois, apesar de serem consideradas uma vantagem de *marketing* positiva no ponto de venda, também representam a maior parte dos custos da maioria dos bens de consumo. Como exemplo, podemos citar

A indústria de embalagens no Brasil envolve cerca de 1,3% do PIB, bem como está equipada para oferecer quase todas as soluções globalizadas.

os produtos da Coca-Cola; destes, 48% do custo se refere à embalagem (WPO, 2008).

A Abre (2011) registra a participação de empresas nacionais e grandes multinacionais no setor, que oferecem matérias-primas (resinas plásticas, chapas metálicas, celulose, barrilha), insumos (adesivos, tintas, tonalizantes e acessórios, como tampas, lacres, fitas), além das empresas de transporte e logística, agências de *design*, empresas de bens de consumo, laboratório de análise, pesquisa e estudo e reguladores.

Para facilitar o entendimento, veja na Figura 5.1 como está distribuída a cadeia produtiva da embalagem.

» **Figura 5.1** – Cadeia produtiva da embalagem

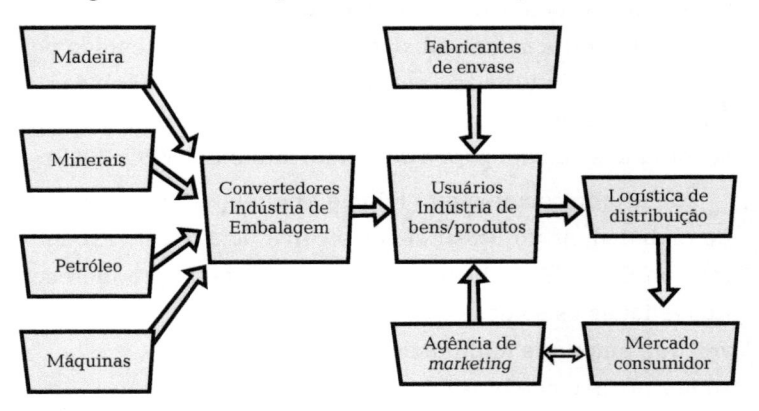

Fonte: Adaptado de Abre, 2011; Romeiro Filho; Miguel, 2010.

Conforme observamos na figura, os insumos são encaminhados para as empresas que convertem esses materiais em embalagens. Uma vez fabricadas, essas embalagens são adquiridas pelos diversos tipos de indústria que usam para embalar os seus produtos nas quantidades de comercialização. Também utilizam embalagens secundárias, conhecidas como *unidades logísticas*, que visam possibilitar o transporte de uma quantidade maior de produtos, facilitando as operações logísticas e otimizando os custos de distribuição. A composição dos insumos nas embalagens, geralmente, é de celulose transformada em papel cartão e papelão (40%), resinas poliolefinas originadas do petróleo (30), aço e alumínio (20%) e vidro (8,5%) (Mestriner, 2007).

> Podemos entender que a cadeia produtiva de embalagens, hoje, é tão importante quanto as cadeias industriais que fabricam os produtos que consumimos.

A embalagem é fundamental para a produção e a comercialização de mercadorias no mundo moderno, no qual produtos não são comercializados apenas em seus mercados locais, mas sim ao redor do planeta. Do ponto de vista da estratégia de armazenagem, como guardaríamos os produtos sem embalagens? Certamente eles teriam uma durabilidade muito curta e, no caso dos alimentos, trariam risco à segurança alimentar. Além disso, não conseguiríamos armazenar produtos, uma vez que isso não seria possível, afinal, a armazenagem nada mais é do que a guarda temporária de produtos. Podemos concluir, então, que a cadeia produtiva de embalagens, hoje, é tão importante quanto as cadeias industriais que fabricam os produtos que consumimos.

» Embalagem e meio ambiente

Ao longo dos anos, a preocupação com o meio ambiente vem crescendo gradativamente. Mais recentemente, a sustentabilidade passou a ser foco de estudos, pesquisas e prática nas indústrias. O conceito de *produção sustentável* – produção mais limpa com geração de menor impacto possível ao ambiente – vem sendo posto em prática nos diversos setores da economia, inclusive na indústria de embalagens.

A sustentabilidade empresarial ou corporativa trata do compromisso que a empresa adota em relação ao desenvolvimento sustentável, reforçando a ideia de que não pode haver desenvolvimento sustentável se as empresas não se desenvolverem com a preocupação de utilizar operações que respeitem a capacidade de suporte dos ecossistemas (Romeiro Filho; Miguel, 2010). Surgem, nesse esforço pela preservação do meio ambiente, as embalagens ecológicas, retornáveis etc. Nesse contexto, além das funções das embalagens, elas devem ser desenvolvidas considerando os aspectos definidos na Figura 5.2.

» **Figura 5.2** - Aspectos técnicos e legais das embalagens

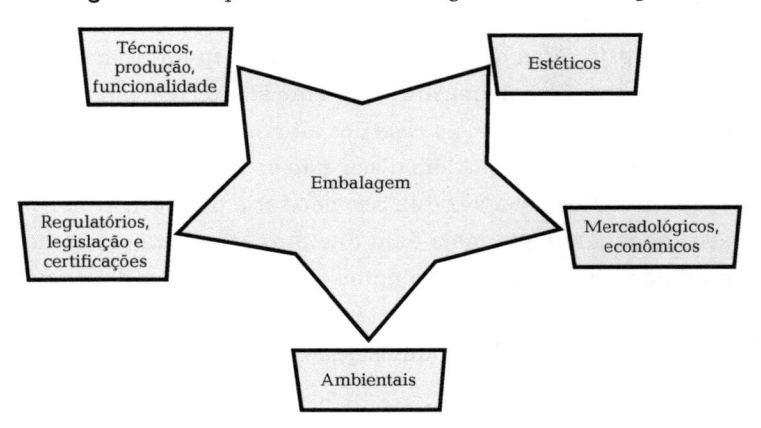

Técnicos, produção, funcionalidade

Estéticos

Embalagem

Regulatórios, legislação e certificações

Mercadológicos, econômicos

Ambientais

Fonte: Abre, 2011.

De acordo com Abre (2011), "os requisitos ambientais estão em todas as etapas do desenvolvimento do produto, desde a redução dos recursos naturais até a revalorização de resíduos pós-consumo, o que inclui a reutilização, reciclagem e recuperação". Nesse sentido, o material utilizado na produção de embalagem deve considerar a capacidade de preservação do produto, mas também o ciclo de vida da embalagem, ou seja, quanto tempo esse material leva para se decompor na natureza, e, principalmente, considerar se esse material poderá ser reciclado ou não.

O Quadro 5.1 apresenta alguns materiais, suas características e o percentual de reciclagem no Brasil.

» **Quadro 5.1** – Alguns materiais reciclados e sua contribuição para a sustentabilidade

Material	% de reciclagem no Brasil	Produtos fabricados por meio de reciclagem
Plásticos	21,7%	Conduítes, sacos de lixo, baldes, cabides, garrafas de água sanitária, acessórios para automóveis.
Latas de alumínio	97,9%	Chapas, latas, fundição de autopeças.
Latas de aço	47%	Chapas de aço.
Vidro	47%	Garrafas, asfalto, fibra de vidro, bijuterias e tintas reflexivas.
Pneu	85%	Solados de sapatos, materiais de vedação, dutos pluviais, pisos para quadras poliesportivas, pisos industriais, tapetes de automóveis.
PET	59%	Fibra de poliéster para a industria têxtil, na fabricação de fios de costura, forrações, tapetes, carpetes, mantas de TNT. Além disso, é utilizado na produção de vassouras, escovas, filmes e chapas para boxes de banheiro, placas de trânsito e sinalização.
Embalagem longa vida	29%	Papel reciclado, placas, telhas, vassouras, peças para escritórios.

Fonte: Adaptado de Cempre, 2015.

Gurgel (2007) aponta algumas vantagens da utilização do plástico nas embalagens, como a facilidade no empilhamento, o fato de poder ser projetado para ser 100% reciclado, o acabamento interno evitar o acúmulo de resíduos e a praticidade oferecida pela tampa com fácil abertura e fechamento. Além disso, oferece estabilização na paletização e apresenta resistência à queda, entre outros.

As embalagens metálicas têm a principal vantagem de proteger totalmente os produtos da ação da luz, sendo utilizadas para o acondicionamente de tintas, óleos vegetais, parafinas, ceras, conservas etc. A principal propriedade do vidro é a transparência, mas sua falta de resistência ao choque é sua grande desvantagem. O papel é extensivamente utilizado na produção de embalagens por diversos fatores, entre os quais se destaca a flexibilidade (Gurgel, 2007).

De acordo com a WPO (2008), as empresas devem levar em conta o princípio de que as embalagens podem garantir uma sociedade sustentável, e a aplicação disso na prática pode ocorrer por meio dos seguintes fatores:

» O projeto da embalagem deve iniciar juntamente com o projeto do produto, para maximizar a compatibilidade dos ambientes externo e interno.
» Utilização de materiais provenientes de fontes responsáveis.
» Produto e embalagem devem atender às necessidades do mercado local e ter custo competitivo.
» Os processos de fabricação devem incorporar métodos ambientalmente limpos e equipamentos seguros.
» Materiais de embalagem devem ser facilmente recuperados.
» Energia e outros recursos para a fabricação e a distribuição devem ser renováveis e viáveis.

Ainda de acordo com Gurgel (2007), a **ecologia reversa*** pretende fazer com que as embalagens já utilizadas retornem, em fluxo reverso ao da comercialização, aproveitando a estrutura de distribuição no mercado de produtos embalados.

» **Figura 5.3** – Exemplos de embalagens recicláveis, retornáveis e reutilizáveis

Garrafa de vidro   Garrafa de PET   Latas de alumínio

Palete de madeira   Sacola ecológica

Crédito: Fotolia

Fonte: Abre, 2011.

Embalagens que, até pouco tempo, eram apenas descartadas começaram a ser reaproveitadas para outros fins. As garrafas de PET, utilizadas para refrigerantes, podem ser reaproveitadas como matéria-prima para camisetas e sacolas ecológicas. As garrafas de vidro podem ser higienizadas e utilizadas várias vezes, sendo, no final, utilizadas como matéria-prima para outra garrafa de vidro. As latas de alumínio, após o uso, podem ser recolhidas e reaproveitadas como matéria-prima para novas

- **Ecologia reversa**: sistema que pretende fazer com que as embalagens já utilizadas caminhem no sentido reverso da comercialização, retornando às fábricas para devida recuperação centralizada (Gurgel, 2007).

latas de alumínio. As sacolas ecológicas são feitas por garrafas de PET e podem ser utilizadas várias vezes para o transporte dos produtos que adquirimos, substituindo as "sacolinhas plásticas" que utlizamos no dia a dia. Por fim, o palete de madeira utilizado para unitizar mercadorias e facilitar o transporte entre as diversas empresas da cadeia produtiva pode ser reaproveitado várias vezes.

Empresas como a Cargill incentivam a reciclagem do próprio produto e de garrafas de PET de refrigerante. O programa Ação Renove o Meio Ambiente, iniciado em 2010 pela empresa, abrange 470 pontos de coletas espalhandos em cinco estados do Brasil: São Paulo, Rio de Janeiro, Paraná, Minas Gerais e Goiás. A ação promoveu o recolhimento de 560 toneladas de óleo de cozinha, que foram encaminhadas para a produção de biodiesel por organizações não governamentais (ONGs) e empresas parceiras que fazem a coleta e a destinação ambientalmente correta do resíduo, gerando benefícios para o meio ambiente e para as famílias envolvidas (Cempre, 2014).

A recomendação da empresa é que, após a utilização do óleo, o consumidor deverá deixá-lo esfriar e, com o auxílio de um funil, colocar o óleo em uma garrafa de PET. Após esse processo, o consumidor deve se dirigir a um dos pontos de coleta e depositar a garrafa.

❯❯❯ Estudo de caso*

Natura investe em embalagens recicláveis

A Linha Natura Ekos, há mais de 13 anos no mercado, vem avançando na tecnologia de embalagens recicláveis. Exemplo disso são as embalagens dos sabonetes líquidos e de outros produtos da Natura Ekos, produzidos com 50% de PET

* Adaptado de Natura Ekos, 2015.

pós-consumo. De acordo com a empresa, com isso, cerca de 120 toneladas desse plástico são recicladas e reinseridas anualmente na cadeia produtiva e 149 toneladas de carbono deixam de ser emitidas, representando um ganho para o meio ambiente.

Além da utilização de PET nas embalagens, a Natura investe na produção de **plástico verde**, com tecnologia brasileira: a embalagem é produzida pela Braskem, a partir do etanol da cana-de-açúcar, uma fonte 100% renovável. Essa ação tem possibilitado a captura de 2,5 toneladas de CO_2 da atmosfera para cada tonelada de plástico verde. Outra vantagem é que a embalagem é 100% reciclável.

Outra ação da Natura ocorreu a partir de 2011, com a utilização de 40% de papel reciclado pós-consumo nas embalagens nos produtos da Linha Natura Ekos. Essa iniciativa estimou que cerca de 250 toneladas de papel descartado por ano fossem recicladas, contribuindo na economia anual de até 20.500 m³ de água e evitou que 23 toneladas de carbono fossem emitidas na atmosfera.

Com esse esforço da Natura, a empresa foi vencedora do 11ª edição do Prêmio Abre da Embalagem Brasileira. A premiação considera os quesitos de estrutura, tecnologia, funcionalidade e *design*. A linha Natura Ekos foi vencedora em cinco categorias: *marketing* (estratégia de comunicação e *design* estrutural), funcionalidade, sustentabilidade, embalagem de família de produtos e embalagem de cosméticos e cuidados pessoais. A campanha Carbono Neutro da Natura visa reduzir as emissões de carbono tanto dos produtos quando da cadeia produtiva, pela utilização de materiais sustentáveis e renováveis e pelo aumento da reciclagem das embalagens.

E você, conhece alguma ação de uma empresa para reduzir o impacto ambiental das embalagens? Faça uma pesquisa sobre casos similares ao da Natura – empresas que têm procurado maneiras de reduzir o impacto das embalagens no meio ambiente em que estão inseridas.

» As embalagens na logística

Estrategicamente, a embalagem tem relação direta com o custo do produto e com o desempenho da produção e da logística de distribuição (Mestriner, 2007). Dada a importância da embalagem para a conservação do produto, contemporaneamente ela também está relacionada à questão da qualidade e exige, da organização, um inter-relacionamento entre as diversas áreas. Na sua concepção, são vários os aspectos a serem considerados, como: produto, normas e legislações envolvidas, economia, automação (código de barras), sustentabilidade ambiental, política comercial e questões de logística, como facilidade de movimentação e armazenamento (Razzolini Filho, 2012). O Quadro 5.2 apresenta as diversas funções das embalagens.

» **Quadro 5.2** – Função das embalagens

Funções	Descrição
Primárias	Acondicionar o produto
	Proteger o produto
	Permitir o transporte do produto
Mercadológicas	Atrair atenção dos clientes
	Transmitir informações
	Despertar desejo de compra
	Oferecer oportunidade de comunicação do produto
	Dar destaque para ações promocionais
Marca e valor	Auxiliar a construir a marca do produto
	Formar conceito sobre o fabricante
	Agregar valor ao produto
Socioculturais	Propiciar expressão da cultura e do estágio de desenvolvimento de empresas e países
Meio ambiente	Possibilitar reciclagem e/ou reaproveitamento de materiais

Fonte: Adaptado de Mestriner, 2007.

O produto é uma entidade complexa que envolve componentes tangíveis e intangíveis, formando um pacote que reúne tudo o que o produto é e aquilo que significa, sendo a embalagem o veículo que realiza a entrega desse produto ao consumidor (Mestriner, 2007). Além das funções das embalagens, elas são classificadas de acordo com os conceitos que podemos ver no Quadro 5.3.

» **Quadro 5.3** – Classificação das embalagens

Tipo	Descrição	Exemplo
Embalagem de contenção	Embalagem em contato direto com o produto e que, portanto, deve proporcionar compatibilidade entre os componentes do produto e os materiais da embalagem.	Garrafas de água, sucos, refrigerantes, latas de cervejas, leite condensado, milho etc.
Embalagem de apresentação	Embalagem que envolve a embalagem de contenção e com a qual o produto se apresenta ao usuário no ponto de venda.	Caixas de brinquedos
Embalagem de comercialização	Embalagem que contém um múltiplo da embalagem de contenção e/ou apresentação e, geralmente, constitui a unidade para extração do pedido.	Caixas de papelão
Embalagem de movimentação	Múltiplo da embalagem de comercialização, para ser movimentada racionalmente por equipamentos mecânicos, como empilhadeiras.	Paletes
Embalagem de transporte	Embalagem para agregar embalagens de comercialização de produtos diferentes, com o objetivo de compor e entregar um pedido ao cliente.	Protetores para transporte

Fonte: Adaptado de Romeiro Filho; Miguel, 2010.

De acordo com Romeiro Filho e Miguel (2010), uma embalagem pode servir a um objetivo específico ou atender a várias

necessidades. Contudo, deve contribuir significativamente para as seguintes metas:
» Provocar a aceitação do produto pelo distribuidor e pelo varejista.
» Permitir a rotatividade rápida do produto no ponto de venda.
» Contribuir para aumentar o movimento de venda.
» Penetrar em novos mercados.
» Introduzir novos produtos ou modificações no mercado.
» Promover a imagem da empresa e de seus produtos.

Gurgel (2007) explica que a embalagem deve interagir com o negócio da empresa, as características do produto, a economia dos materiais, os aspectos legais e as políticas interna e mercadológica, tendo as seguintes funções:
» **Tecnológica** – Proteção mecânica, física e química do produto.
» **Mercadológica** – Comunicação do conceito da empresa.
» **Logística** – Personalização de processos e atividades.
» **Econômica** – Redução de custos relacionados ao produto a fim de torná-lo competitivo.

As embalagens mais importantes para o *marketing* são as de apresentação e as de comercialização, pois possibilitam o contato entre os clientes/consumidores e o canal de distribuição (Razzolini Filho, 2012). Em termos logísticos, podemos dizer que as embalagens mais importantes são as de contenção, movimentação e transporte, haja vista a proteção durante a distribuição dos produtos das zonas de produção até as zonas de consumo, garantindo a qualidade destes no ponto de venda.

A Figura 5.4 apresenta alguns exemplos de embalagens de contenção, apresentação, comercialização, movimentação e transporte.

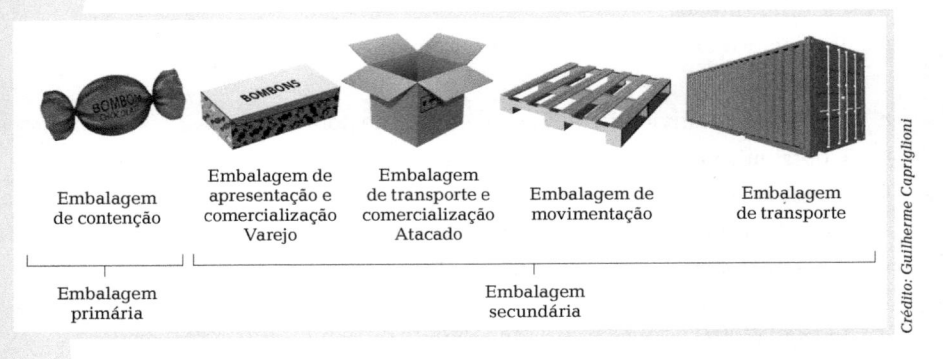

» **Figura 5.4** – Diferentes tipos de embalagens

| Embalagem de contenção | Embalagem de apresentação e comercialização Varejo | Embalagem de transporte e comercialização Atacado | Embalagem de movimentação | Embalagem de transporte |

Embalagem primária | Embalagem secundária

Crédito: Guilherme Caprigiloni

A **embalagem de contenção** é o primeiro contenedor do produto. Além dos dados de *marketing* e das características do produto estampados em sua composição, o material deve permitir a conservação das características de consumo do produto determinadas pelo fabricante. A embalagem de contenção representa a condição mínima de comercialização do produto: no caso da Figura 5.4, um bombom é a menor comercialização que pode o consumidor obter nas casas de varejo.

A **embalagem de apresentação e comercialização** no varejo é a embalagem típica de venda do produto. Além das informações de *marketing* e das características dos produtos contidos, apresenta a forma ideal de comercialização destes. Esse tipo de embalagem facilita as operações de reposição nas prateleiras do varejo e a contabilização de itens em estoque: na Figura 5.4, o exemplo é o da caixa de bombons. As pessoas não vão ao supermercado comprar um bombom, e sim uma caixa de bombons, que permite compartilhá-los com outras pessoas ou que apenas proporcione um conjunto de sensações graças à variedade de bombons. Cada produto tem uma condição de acordo com o seu tamanho ou forma de consumo. Se o consumidor estivesse comprando, em vez de bombons, amaciante de roupas, a embalagem de comercialização seria a contenedora diretamente, a qual serviria apenas para o transporte até o varejo e a armazenagem.

A **embalagem de transporte e comercialização** visa tornar eficiente as operações de transporte e armazenagem. Ela contém, em seu interior, um número específico de embalagens de apresentação.

As **embalagens de movimentação** são utilizadas com a finalidade de unitizar as cargas e facilitar as operações de transporte e de armazenagem. Vamos utilizar o exemplo das latas de cerveja. Uma lata corresponde à embalagem de contenção. Um *pack* com 12 latas, por sua vez, representa a embalagem de apresentação. Esse tipo de produto geralmente apresenta embalagem de comercialização com 22 *packs*. Por fim, os *packs* de 12 latas são colocados sobre paletes, o que permite movimentar 264 *packs*.

As **embalagens de transporte** são utilizadas com a finalidade de se efetuar o transporte para grandes distâncias. No caso da cerveja, por exemplo, se for para mercados locais, regionais e nacionais, ela pode ser transportada via caminhão. No caso de uma carreta com capacidade de 27 toneladas de carga, é possível transportar 26 paletes com 264 *packs*. Caso essa cerveja seja transportada para mercados internacionais por via marítima, precisa, obrigatoriamente, de uma embalagem de transporte, que é conhecida como contêiner.

Além dessas embalagens, existem também as embalagens industriais, que são relacionadas ao processo industrial do produto, servindo como equipamentos de movimentação e armazenagem. Na Figura 5.5 são ilustrados alguns tipos de embalagens industriais.

» **Figura 5.5** – Exemplos de embalagens industriais

Gaiolas industriais   Contenedores plásticos

Bags industriais   Bombonas plásticas

Crédito: Fotolia

Por que é importante conhecer bem o produto? Conhecer "bem" significa conhecer suas características, sua composição, seus pontos fortes e fracos, suas reações ao ambiente, entre outros. Esse conhecimento é importante porque é a partir dele que se dará início ao projeto de embalagem para atender a todos os requisitos desse produto. Além disso, para cada tipo de produto existe uma embalagem ideal para seu armazenamento, movimentação e transporte.

Entre tantas características básicas, as embalagens devem atender aos seguintes requisitos (Romeiro Filho; Miguel, 2010):
» preço compatível com o custo;
» apresentação estética agradável e resistência a impactos e a vibrações;
» leveza e resistência;

- » transparência;
- » limitações de peso, forma e tamanho;
- » identificação fácil do produto;
- » utilização de material biologicamente inerte (atóxico, inodoro, imputrescível) compatível com o produto;
- » facilidade de descarte após a utilização;
- » disponibilidade no mercado;
- » facilidade de abertura e fechamento;
- » facilidade de reposição na linha de produção ou no estoque;
- » provisão de movimentação manual, entre outras.

A embalagem, como podemos perceber, tem papel fundamental na proteção e na preservação do produto para consumo durante o seu período de armazenagem, movimentação e transporte até o ponto de consumo, assegurando as condições adequadas e sanitárias de consumo do produto. Portanto, a utilização de embalagens que não se enquadram às características do produto durante a armazenagem, movimentação ou transporte poderá provocar a perda desse produto, gerando danos comerciais e custos operacionais.

As embalagens de alimentos são exemplos práticos de como sua função é fundamental ao bem-estar do consumidor. Em dias atuais, a praticidade na cozinha está sendo cada vez mais exigida pelos consumidores, principalmente os de grandes centros urbanos, pois a rotina do trabalho externo associada à rotina doméstica tornou muito relevante o tempo de preparo dos alimentos. Esta é a principal fonte do sucesso dos pratos prontos: a falta de tempo para a cozinha tem proporcionado um mercado crescente.

> A utilização de embalagens que não se enquadram às características do produto durante a armazenagem, movimentação ou transporte poderá levar à perda do produto, gerando danos comerciais e custos operacionais.

» Embalagem na armazenagem

O processo de armazenagem só é possível devido ao uso das embalagens. Nos armazéns, dizemos que as embalagens que utilizamos são unidades logísticas que têm por finalidade facilitar a estocagem dos produtos. Estes, então, não são armazenados geralmente em suas unidades de contenção, e sim em suas unidades logísticas. Exceções são dadas em casos em que a embalagem contenedora possua um alto volume. Vamos, a seguir, exemplificar um pouco para que você possa entender melhor o assunto.

»» Barris

Os **barris** são utilizados na armazenagem e são embalagens contenedoras do produto. Geralmente contêm líquidos e óleos que podem ser inflamáveis ou não. A Figura 5.6 apresenta um exemplo de barril.

» **Figura 5.6** – Barris de metal

Crédito: Fotolia

>>> Latas e bombonas

Latas podem ser utilizadas para armazenagem como contenedores do produto quando o seu volume for alto. O mesmo ocorre com as **bombonas**, que funcionam como uma lata para armazenagem de líquidos inflamáveis ou não. A Figura 5.7 apresenta esses dois tipos de embalagens.

» **Figura 5.7** – Latas e bombona plástica

| Latas | Bambona plástica |

Crédito: Fotolia

>>> Unidades logísticas

As **unidades logísticas** são caixas que servem para armazenar uma maior quantidade de produto e facilitar a operação de transporte e armazenagem. Sua capacidade depende do tipo de embalagem de contenção e da capacidade de empilhamento dos produtos a serem armazenados. Ao manusear esse tipo de unidade no armazém, deve-se ler atentamente as informações contidas no exterior quanto à fragilidade do item, à capacidade de empilhamento e ao lado em que deve ser posicionado. A Figura 5.8 representa a caixa.

» **Figura 5.8** – Unidade logística (caixa)

Crédito: Fotolia

››› Paletes

Os **paletes**, como já dissemos, são unidades de empilhamento e servem para auxiliar no armazenamento. São, geralmente, de madeira, mas podem ser de plástico ou metálicos, dependendo da aplicação.

» **Figura 5.9** – Palete de madeira

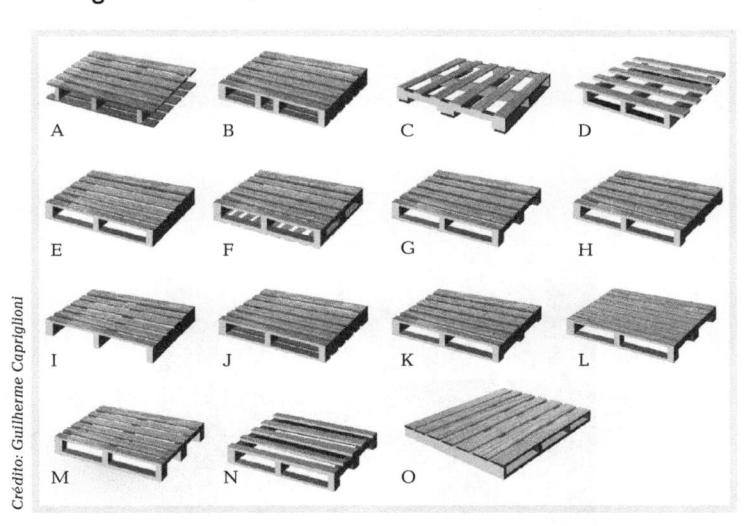

Crédito: Guilherme Caprigliani

Legendas:
A – Duas entradas, dupla face reversível, aba lateral para içamento por cabos, uso com empilhadeira.
B – Duas entradas, dupla face reversível, quatro longarinas e uso com empilhadeira.
C – Quatro entradas, longarina com corte, uso com empilhadeira e carro hidráulico.
D – Duas entradas, aba lateral para içamento por cabos, uso com empilhadeira e carro hidráulico.
E – Duas entradas, uso com empilhadeira e carro hidráulico com calço.
F – Quatro entradas, dupla face reversível, uso com empilhadeira.
G – Quatro entradas, uso com empilhadeira e carro hidráulico.
H – Duas entradas, uso com empilhadeira e carro hidráulico.
I – Duas entradas, uso com empilhadeira e carro hidráulico, sem peças na face inferior.
J – Duas entradas, uso com empilhadeira e carro hidráulico com calço.
K – Duas entradas, uso com empilhadeira e carro hidráulico.
L – Quatro entradas, uso com empilhadeira e carro hidráulico, face superior sem vão entre as peças.
M – Quatro entradas, uso com empilhadeira e carro hidráulico.
N – Quatro entradas, uso com empilhadeira e carro hidráulico, face superior com vão grande.
O – Mostra o exemplo de palete com madeiras abauladas (sem quina). Próprio para sacarias, pois evita o rasgamento.

Fonte: Guia Log, 2015.

Os paletes permitem que se empilhem as unidades logísticas, para que possam ser transportadas com o uso das empilhadeiras.

» **Figura 5.10** – Empilhamento de unidades logísticas em paletes

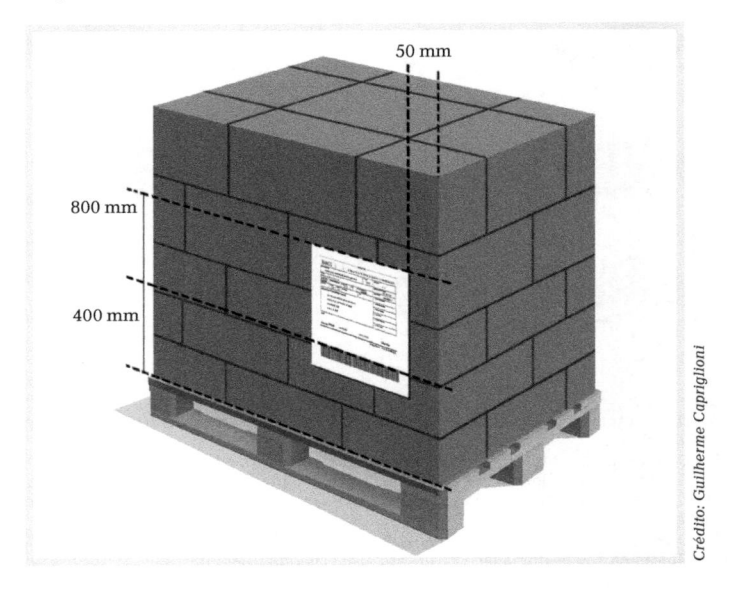

Fonte: GS1 Peru, 2015.

É importante observar que esse empilhamento deve ser feito de modo a gerar um amarramento da carga e, por isso, as embalagens devem ser posicionadas umas sobre as outras, de forma cruzada. Para aumentar a segurança, muitas empresas utilizam plásticos, conhecidos como *stretch*, que têm a finalidade de envolver a carga, protegendo-a – são os mesmos que geralmente utilizamos em nossas casas para envolver e conservar os alimentos.

Essas são, em geral, as embalagens utilizadas para a guarda dos produtos no armazém, mas é claro que, de acordo com a especifidade de cada empresa, podem ocorrer variações.

>>> **Para saber mais**

ABRE – Associação Brasileira de Embalagem. Disponível em <http://www.abre.org.br>. Acesso em: 5 maio 2015.

A Associação Brasileira de Embalagens (Abre) tem diversas informações sobre o setor e apresenta os diversos tipos de embalagens. Consulte esse *site*!

» Síntese

Neste capítulo, discorremos sobre as embalagens, as quais servem para proteção dos produtos e podem ser primárias (quando é o próprio contenedor do produto) e secundárias (que conservam uma série de produtos). Nossa análise nos permitiu perceber por que as embalagens são importantes para o *marketing* dos produtos e para transportá-los. Além disso, no que se refere à armazenagem, vimos que as embalagens são fundamentais para conservar os produtos pelo tempo necessário, até a fabricação ou o consumo.

» Exercício resolvido

As embalagens são muito importantes para as operações de armazenagem. Suponha que um depósito tenha recebido 1.000 caixas de materiais de 10 cm de largura, 30 cm de comprimento e 10 cm de altura. O gerente teve a ideia de utilizar contenedores de 1 m³ para armazenar as caixas recebidas. Quantos contenedores serão necessários para armazenar as caixas de materiais?

Solução:
O primeiro passo é determinar o volume da caixa:

> Volume da caixa = largura × comprimento × altura =
> 10 × 30 × 10 = 3.000 cm³

O segundo passo é calcular o volume disponível do contenedor. No caso da empresa em questão, essa informação foi dada: **1 m³**.
A seguir, é preciso normalizar as unidades na mesma medida:

> Contenedor = 1 m³
> Caixa = 0,003 m³

Depois, basta dividir o valor do contenedor pela caixa:

> Quantidade por caixa = 1 ÷ 0,003 = 333,33 caixas por contenedor, ou apenas **333**, já que não é possível dividir uma caixa.

Finalmente, divide-se o número de caixas recebidas pela capacidade do contenedor:

> Quantidade de contenedores = 1.000 ÷ 333 = 3

Ou seja, serão necessários **3 contenedores**.

» Questões para revisão

1) Qual é o conceito de *embalagem*?
2) Quais são as principais funções da embalagem?

3) Considere as alternativas referentes às embalagens de alimentos:
   I. Ser compatível com o produto e não apresentar sinais de toxidade.
   II. Suportar todas as solicitações do canal logístico.
   III. Permitir o fechamento após a primeira utilização.

   Estão corretas as informações:
   a. I.
   b. II.
   c. I e III.
   d. I e II.
   e. I, II e III.

4) Indique a alternativa que **não corresponde** a um tipo de embalagem?
   a. Contenção.
   b. Apresentação.
   c. Movimentação.
   d. Transporte.
   e. Substituição.

5) Indique a alternativa que corresponde ao percentual das embalagens feitas de madeira:
   a. 10%.
   b. 20%.
   c. 30%.
   d. 40%.
   e. 50%.

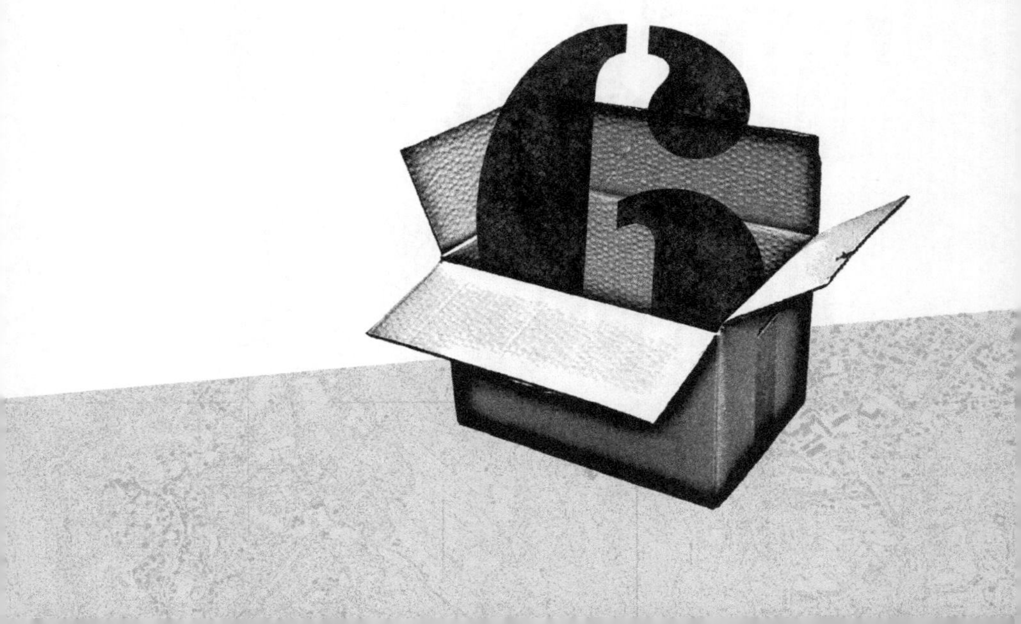
6

CLASSIFICAÇÃO E TECNOLOGIA

》》 Conteúdos do capítulo

» Sistemas de classificação de materiais.
» Código de barras.
» Sistemas de gerenciamento do armazém.

》》 Após o estudo deste capítulo, você será capaz de:

1. aplicar o sistema de classificação de materiais;
2. entender como funciona o código de barras e suas aplicações;
3. compreender o papel de um *software* de gerenciamento de armazéns no controle dos materiais.

Se você tem algumas "primaveras" a mais, talvez se lembre do período em que não tínhamos internet e o computador processava um punhado de dados. Talvez você tenha utilizado os cadernos de registro para controlar os dados das mercadorias armazenadas. Todavia, se você nasceu depois disso, certamente terá dificuldades para imaginar o trabalho sem o computador, sem a internet e sem os diversos sistemas disponíveis nas organizações.

Neste capítulo, discutiremos as inovações no armazém. Iniciaremos apresentando os sistemas de classificação de materiais e, depois, alguns sistemas disponíveis que modernizaram os armazéns e tornaram as atividades de recebimento, armazenagem e expedição muito mais fáceis e seguras para empresas e clientes.

» Classificação de materiais

Uma importante atividade nos armazéns é **classificar** corretamente os materiais. Tudo o que é estocado deve estar de acordo com as características do produto – pois, por exemplo, produtos químicos próximos a alimentos podem contaminá-los. Assim, segundo Francischini e Gurgel (2013), a **classificação** é a atividade responsável pela identificação, catalogação e codificação de materiais e fornecedores.

Os princípios utilizados no estabelecimento de um sistema de classificação de materiais são os seguintes (Francischini; Gurgel, 2013):

» **Princípio arbitrário** – Nesse sistema, os itens são classificados sequencialmente quando entram no estoque. Exemplo: chega um item e este recebe o número 001; chega o segundo e recebe o número 002, e assim por diante.

» **Princípio arbitrário fichado** – Nesse sistema, os itens são classificados de acordo com as características do material e do grupo a que pertencem.

» **Princípio simbólico** – Nesse sistema, o objetivo é facilitar a memorização, sendo, então, é incluído um código alfanumérico e outro mnemônico.

> A classificação é a atividade responsável pela identificação, catalogação e codificação de materiais e fornecedores.

» **Princípios dos números de projeto** – Nesse sistema, a classificação segue números de projeto.

Os sistemas de classificação utilizam diversos tipos de dígitos para catalogar os produtos:
» Alfabético: A, B, C...
» Numérico: 1,2,3...
» Alfanumérico: A13, B27, C08...

De acordo com o volume de itens, devemos utilizar um sistema de classificação que permita gerenciar todos os materiais a serem armazenados.

» Sistemas de endereçamento de materiais

Os materiais a serem estocados **devem ser endereçados** para localização posterior. As empresas geralmente utilizam o código do SKU (do inglês *Stock Keep Unit*, ou seja, "unidade mantida em estoque"), que é o próprio código de barras do produto, diferenciado para cada produto e para cada tipo de embalagem primária. Por exemplo, uma lata de cerveja tem um número de SKU idêntico às demais latas de mesmo tamanho, mas uma garrafa *long neck*, mesmo com fabricante e produto iguais, tem um código diferente que permite a sua identificação.

É claro que, por motivos diversos, pode ser adicionado um código diferente. Por exemplo, para uma caixa de 10 extratos de tomate que tenha seu próprio código, o transportador pode criar um código diferenciado, reconhecido apenas pelo seu sistema, para realizar e facilitar a operação de transporte.

Para facilitar o armazenamento, são estabelecidas numerações e letras alfabéticas que determinam as posições de estoque. Assim, são estabelecidas aquilo que chamamos de **ruas**: os corredores e os apartamentos que são as posições de estocagem de mercadorias.

Podemos dizer que há **dois sistemas** mais utilizados **para o endereçamento de produtos**. O primeiro deles é o método de **identificação e localização fixo**, que estabelece um número de baia ou estante de estocagem para o produto fixo.

Como exemplo, vamos supor que utilizamos o método de localização fixa. O extrato de tomate se localiza na rua A, apartamento 20; ao chegar nova remessa desse produto, será armazenado nesta mesma posição, independentemente de as posições 1 a 19 estarem vazias. Sendo assim, esse sistema aumenta os custos de armazenagem e movimentação, mas facilita o processo de separação de pedidos, uma vez que os produtos se encontram sempre no mesmo lugar.

Outro método de identificação é o **aleatório**, o qual consiste em armazenar os produtos em qualquer posição de estoque disponível, controlado por um sistema de gerenciamento do armazém. Esse método proporciona melhor utilização do espaço de estocagem disponível, mas dificulta a separação dos pedidos, o que faz com que mais tempo seja necessário para a separação deles.

» Sistemas de codificação de materiais

Imagine o que seria encontrar um livro em uma biblioteca com mais de 10 mil volumes apenas pelo título. Certamente você deve ter pensado que essa tarefa seria quase impossível ou, pelo menos, com sorte, demandaria alguns dias. Foi com o objetivo de facilitar a identificação de peças, componentes e livros armazenados em grandes depósitos que surgiram os sistemas de codificação de materiais. Os diversos tipos de materiais foram agrupados de acordo com sua natureza, finalidade, material e outros aspectos para os quais foram gerados números que permitem a fácil localização do item até nos sistemas mais complexos.

Agora você deve ter se dado conta do motivo de os títulos dos livros não serem armazenados em ordem alfabética, e sim por meio de uma codificação alfanumérica, a qual identifica a área e a subárea do conhecimento, o que torna a sua tarefa de encontrar um livro qualquer muito mais fácil. Essa mesma situação ocorre com peças e materiais. Vamos, a seguir, estudar mais detalhadamente alguns desses sistemas de codificação de materiais.

»» Sistema Dewey

De acordo com Francischini e Gurgel (2013), um dos primeiros sistemas de codificação foi desenvolvido por Melville Louis Kossuth Dewey e ficou conhecido como *Sistema Dewey*. Dewey criou um sistema de classificação decimal para ser utilizado em bibliotecas nos Estados Unidos. Ele dividiu o conhecimento humano em 10 grandes áreas e, depois, as dividiu em classe, seções, subseções, grupos e subgrupos. O Quadro 6.1 apresenta essas áreas.

» **Quadro 6.1** – Classificação de Dewey

Classificação de áreas	Classificação ciências aplicadas
000 – Obras gerais	510 – Matemática
100 – Filosofia	520 – Astronomia
200 – Religião	530 – Física
300 – Ciências sociais	540 – Química
400 – Linguística	550 – Ciências do solo
500 – Ciências aplicadas	560 – Paleontologia
600 – Artes aplicadas	570 – Antropologia
700 – Artes e recreações	580 – Botânica
800 – Literatura	590 – Zoologia
900 – História	

Fonte: Adaptado de Francischini; Gurgel, 2013.

>>> Sistema decimal de classificação

Posteriormente ao sistema de Dewey, surgiu o **sistema decimal de classificação universal** como uma adaptação do método – um sistema decanumérico que se utiliza de chaves para codificação (Francischini; Gurgel, 2013).

» **Figura 6.1** – Sistema decanumérico

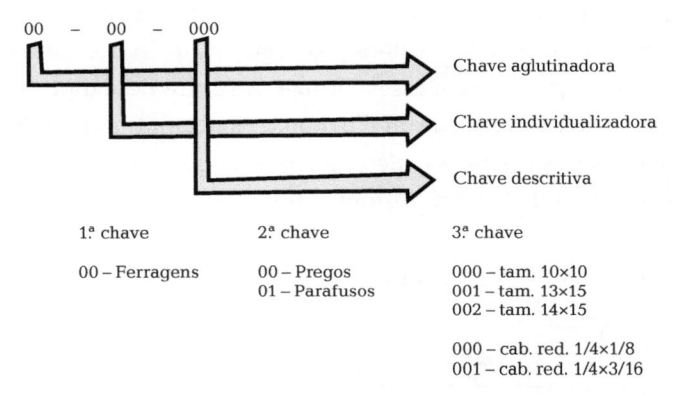

```
00  -  00  -  000
                    ────▶ Chave aglutinadora
                    ────▶ Chave individualizadora
                    ────▶ Chave descritiva
```

1ª chave	2ª chave	3ª chave
00 – Ferragens	00 – Pregos	000 – tam. 10×10
	01 – Parafusos	001 – tam. 13×15
		002 – tam. 14×15
		000 – cab. red. 1/4×1/8
		001 – cab. red. 1/4×3/16

Fonte: Francischini; Gurgel, 2013.

Ainda de acordo com Francischini e Gurgel (2013), a primeira chave aglutinadora identifica um grande grupo de materiais com características semelhantes dentro de um mesmo grupo. A segunda chave, a descritiva, identifica materiais com características semelhantes dentro de um mesmo grupo. A terceira chave, a individualizadora, identifica cada item de material dentro da chave.

⟫ Federal Supply Classification (FSC)

Outro sistema muito utilizado para classificação é o **FSC**, da Federal Supply Classification, que é um sistema desenvolvido pelo Departamento de Defesa dos Estados Unidos com o objetivo de estabelecer e manter um sistema uniforme de identificação, codificação e catalogação para todos os órgãos componentes de sua estrutura. Esse sistema foi implantado na Segunda Guerra Mundial, desenvolvido para aplicação civil e militar, e classifica, descreve e enumera, uniformemente, todos os itens do suprimento. Possui um amplo campo de utilização, que permite a classificação de todos os itens passíveis de aquisição. Formado por 76 grupos e 564 classes, utiliza estrutura de 4 dígitos: os dois primeiros identificam o grupo e os dois últimos, em conjunto com os primeiros, identificam a classe a que pertence o material (Francischini; Gurgel, 2013).

» **Figura 6.2** – Classificação FSC

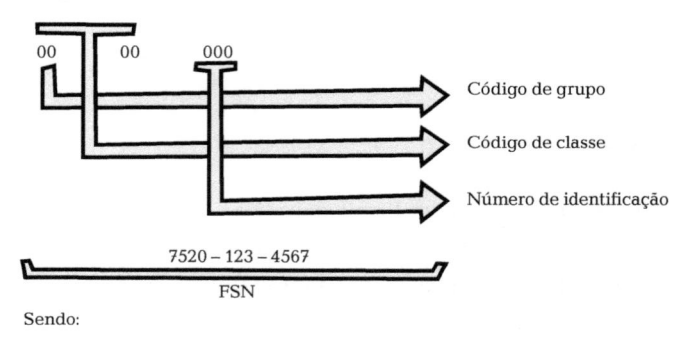

```
00    00    000
                    → Código de grupo
                    → Código de classe
                    → Número de identificação

         7520 – 123 – 4567
                FSN
```

Sendo:

      7520   Código de classe
   1234567   Número de identificação
7520-123-4567   FSN.

Fonte: Francischini; Gurgel, 2013.

Benefícios da classificação

A unificação das descrições e dos códigos de estoque para determinados itens permitiu diversos **benefícios** para a gestão de itens armazenados. De acordo com Francischini e Gurgel (2013), esses benefícios são os seguintes:

» passou a considerar as necessidades totais, a um só tempo, para a produção, a aquisição e a inspeção;
» estabeleceu uma linguagem comum no suprimento;

- » eliminou a dualidade de itens no suprimento;
- » admitiu a intercambialidade entre os itens;
- » tornou a padronização efetiva;
- » facilitou a troca de serviços e a cooperação entre os departamentos federais;
- » utilizou o estoque em excesso, isto é, pode dispor de materiais adicionais para melhores vantagens;
- » estreitou o relacionamento entre os órgãos de governo e a indústria.

» Código de barras*

Embora os sistemas de classificação sejam eficientes, a evolução da produção com o aumento substancial de itens obrigou as empresas de varejo e a indústria a buscar sistemas de rastreabilidade e controle de seus produtos. A busca pela melhoria da qualidade dos produtos tornou necessário que as empresas estejam informadas sobre quando foi feito o produto e todo o caminho trilhado por ele desde a fabricação até o consumo.

Para esse fim e também para facilitar a manipulação dos materiais pela cadeia de suprimentos, surgiu um sistema conhecido como **código de barras**, que é uma forma de representar dados alfanuméricos pelo uso de um leitor e um computador, com os quais é possível obter diversas informações sobre o item. Ele recebeu esse nome porque é composto por um desenho de barras no qual se apresenta um código. Entretanto, é importante enfatizar que sem um computador com o acesso ao banco de dados, no qual estão registradas as informações do produto, o código de barras não teria qualquer serventia. Sendo assim, é preciso ter o conjunto integral do sistema.

* Os códigos de barras usados nesta obra foram criados com números aleatórios e são meramente ilustrativos. Qualquer semelhança com códigos reais é mera coincidência.

Entre as principais vantagens do uso do código de barras está o benefício logístico, uma vez que, durante o fluxo do produto, é possível registrá-lo e acompanhá-lo muito facilmente. Além disso, permite a rastreabilidade da carga e o seu acompanhamento por toda a operação.

Embora os códigos de barras possam ser produzidos com o auxílio de um simples programa de computador, sua vantagem está na rastreabilidade, para a qual é preciso fazer uma padronização. Por esse motivo os códigos de barras comerciais são estipulados mundialmente pela European Article Numbering (EAN), também conhecida como GS1, que possui associados em diversos países – inclusive no Brasil, com a GS1 Brasil. Os principais tipos de códigos de barra desenvolvidos pela empresa são: EAN-8, EAN/UPC-13, EAN/UPC-14, Código 39 e EAN 128.

No mercado dos Estados Unidos, é utilizado um código similar conhecido como Universal Product Code (UPC). Na Figura 6.3, temos representada a estrutura do código de barras.

» **Figura 6.3** – Estrutura do código de barras

1. Estrutura de identificação
Regras de numeração para identificação exclusiva de produtos, serviços, unidades logísticas, locais etc. (GTIN; GLN; SSCC; ETC)

7898357410015

2. Suporte de dados
Meio para codificar as estruturas de identificação, permitindo a sua captura automática. Exemplos: código de barras e RFID – Identificação por Radiofrequência.

Fonte: GS1 Brasil, 2015.

Essa estrutura, de acordo com a GS1 Brasil (2015), é composta pelo código do país, representado pelos três primeiros dígitos, de quatro a sete dígitos representando o cadastro da empresa na GS1, de dois a cinco dígitos identificando o produto e o tipo de embalagem, e um último dígito, que é um código verificador. Confira no exemplo apresentado na figura 6.4 a seguir.

» **Figura 6.4** – Descrição dos números no código de barras

789	1234	00001	9
789	67892	0001	3
789	890123	001	4
789	9876543	01	7
Prefixo GS1 de empresa		N. referência do item	DV

Fonte: GS1 Brasil, 2015.

››› Código EAN/UPC GTIN 8

O código EAN/UPC GTIN 8 classifica produtos com pouco espaço para se incluir um código de barras. Esse sistema é composto por oito dígitos, sendo os três primeiros relacionados ao país e os demais relacionados ao produto.

» **Figura 6.5** – GTIN 8

❯❯❯ Código EAN/UPC GTIN 13

O código de barras EAN/UPC GTIN 13 é o mais utilizado nos produtos em geral. Possui 13 dígitos, sendo três para o país, até sete para o fabricante, até cinco para o produto e um para o dígito verificador.

» **Figura 6.6 –** GTIN 13

[código de barras: 7 893245 645104]

❯❯❯ Código EAN/UPC GTIN 14

O código de barras mais utilizado para embalagens logísticas é o EAN/UPC GTIN 14. Esse código possui um número indicador a mais, que define o volume de unidades presentes na embalagem.

» **Figura 6.7 –** GTIN 14

[código de barras: 7 89 36484 46854 2]

⟫ Outros códigos de barra

Além desses códigos principais, outros também são utilizados. Podemos citar como exemplo o código 39, que tem 39 dígitos entre letras e números (Figura 6.8) e o EAN/UPC GTIN 128, que possui 128 dígitos, o que permite uma grande quantidade de informações como tamanho, lote, data de fabricação etc. (Figura 6.9).

» **Figura 6.8** – Código 39

ABC365634DEF

123-XYZ

» **Figura 6.9** – GTIN 128

(02)1017253516851 (11)1234567101ABC

⟫ Leitura do banco de dados

Como já vimos, o código de barras é composto apenas de números ou letras. O significado de cada um desses elementos é dado pelo banco de dados no qual as informações estão registradas (Figura 6.10). Por isso, é importante usar o sistema da GS1, pois o banco de dados é compartilhado com as instituições associadas, possibilitando o rastreamento por toda a cadeia de suprimentos.

» **Figura 6.10** – Banco de dados

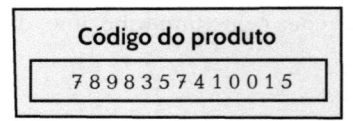

Código do produto
7 8 9 8 3 5 7 4 1 0 0 1 5

Banco de Dados	
GTIN	**Produtos**
07891514131211	Creme dental menta 100 g
07898764700280	Farinha de trigo Bom Milho
07898357410015	Café Torrão 500 g
...	...

Fonte: GS1 Brasil, 2015.

»» Para saber mais

GS1 BRASIL – Associação Brasileira de Automação. Disponível em: <http://www.gs1br.org>. Acesso em: 25 mar. 2015.

A GS1 Brasil, Associação Brasileira de Automação, tem todas as informações que você precisa saber sobre códigos de barras, além de cursos gratuitos na cidade de São Paulo.

» Radiofrequência identificada (RFID)

Para melhorar a rastreabilidade e o controle dentro dos armazéns, uma nova tecnologia, conhecida como *radiofrequência identificada*, vem sendo implantada. Essa tecnologia consiste em utilizar *chips* para gravar as informações dos produtos.

O uso desses *chips* tem como objetivo aumentar a eficiência do processo de controle e manipulação de materiais. Os *chips* são embutidos nos produtos e sua leitura é realizada por um sistema de radiofrequência. Esse sistema foi desenvolvido pelo Massachusetts Institute of Technology (MIT).

» **Figura 6.11** – Funcionamento da radiofrequência identificada (RFID)

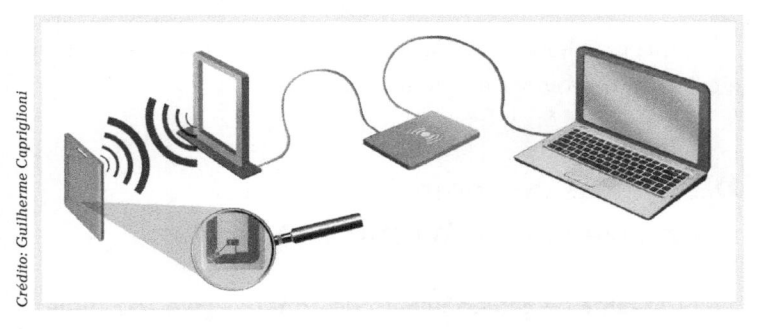

Fonte: Adaptado de GS1 Brasil, 2015.

Esse tipo de *chip* é colocado nos diversos produtos e a leitura é feita com múltiplos itens ao mesmo tempo, o que facilita o rastreamento desses itens. Além disso, podemos incluir um número muito maior de informações do que o código de barras. As empresas estão trabalhando em reduzir o seu custo de produção, para que todos os produtos possam, no futuro, ser rastreados pelo RFID.

>>> Questão para reflexão

Você já conhecia o RFID? Ele será a solução para o futuro? Quais os riscos para suas informações pessoais? Faça uma pesquisa sobre o tema.

>>> Para saber mais

TAGGEN. **RFID: a evolução do código de barras**. Disponível em: <http://www.taggen.com.br/site/pt/o-que-e-rfid>. Acesso em: 7 maio 2015.

Saiba mais sobre essa tecnologia acessando o *site* da Taggen e conheça tudo sobre o sistema.

>> Sistemas de gerenciamento de armazenagem (WMS)

O **sistema de gerenciamento de armazenagem** (do inglês *Warehouse Management System*, cuja sigla é **WMS**) é um sistema de gestão por *software* que melhora as operações do armazém por meio do eficiente gerenciamento de informações e conclusão de tarefas, com um alto nível de controle e acuracidade do inventário. O WMS permite administrar e rastrear todos os processos de movimentação de mercadorias, bem como o recebimento, a armazenagem, a separação e a expedição, minimizando gargalos e gerenciando a alocação de recursos humanos, equipamentos mecânicos e endereços.

O WMS realiza as seguintes tarefas (Banzato et al., 2003):
» Agenda recebimento de caminhões por dia, hora e porta.
» Prioriza desembarques.

- » Captura notas fiscais dos fornecedores por meio de interface com sistemas corporativos.
- » Controla a qualidade dos produtos que são recebidos, incluindo as mais amplas alternativas de controle.
- » Para indústrias, inclui interfaces com ordens de fabricação.
- » Controla o recebimento de devoluções de clientes.
- » Checa fisicamente todos os itens recebidos.
- » Emite etiquetas de códigos de barras para paletes, volumes ou peças.
- » Recebe mercadorias na modalidade *cross-docking*.
- » Define os endereços dos produtos a serem armazenados utilizando parâmetros como zona, rotatividade ou família de produtos.
- » Define endereços utilizando regras alternativas, como PEPS, peso, separação, paletes aéreos incompletos etc.
- » Controla diferentes estruturas de armazenagem, como porta-paletes, prateleiras, blocos, *drive-in*, entre outras.
- » Contempla a definição de diversas alternativas de palete para o mesmo produto.
- » Controla automaticamente o abastecimento das áreas de separação de pedidos.

Os sistemas de gerenciamento dos armazéns podem ser integrados aos Sistemas Integrados Empresariais, conhecidos como Enterprise Resource Planning (ERP). Esses sistemas integram os diversos departamentos de uma empresa em um banco de dados único. Sendo assim, áreas empresariais, como produção, vendas, compras e *marketing*, têm seus dados disponibilizados em uma única base de dados, facilitando a integração da empresa em um único sistema de gestão.

A Figura 6.12 apresenta a representação dessa integração.

» **Figura 6.12** – Utilização do WMS acoplado a um ERP

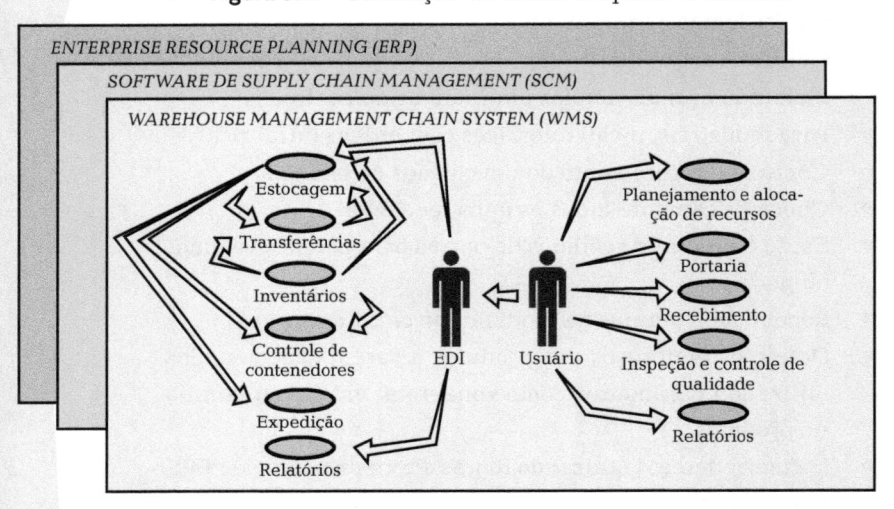

ENTERPRISE RESOURCE PLANNING (ERP)
SOFTWARE DE SUPPLY CHAIN MANAGEMENT (SCM)
WAREHOUSE MANAGEMENT CHAIN SYSTEM (WMS)

- Estocagem
- Transferências
- Inventários
- Controle de contenedores
- Expedição
- Relatórios
- EDI
- Usuário
- Planejamento e alocação de recursos
- Portaria
- Recebimento
- Inspeção e controle de qualidade
- Relatórios

Fonte: Adaptado de Guarnieri et al., 2006.

Observamos que o WMS gerencia uma grande variedade de atividades, como estocagem, transferências de mercadorias e estoques, controlando as mercadorias e quantidades de contenedores disponíveis, além do processo de expedição e a emissão de relatórios, entre outras atividades.

Rodrigues (2007) afirma que os sistemas do tipo WMS são *softwares* para gerenciar as informações que controlam eletronicamente as operações nas áreas de armazenagem e que essa ferramenta planeja eficientemente a execução das tarefas, com alto grau de controle e precisão dos estoques. Isso leva a uma otimização do sistema.

De acordo com Banzato et al. (2003), um WMS otimiza todas as atividades operacionais relacionadas ao fluxo de materiais e informações. A Figura 6.13 apresenta a tela de um sistema WMS.

» **Figura 6.13** – Tela de sistema WMS

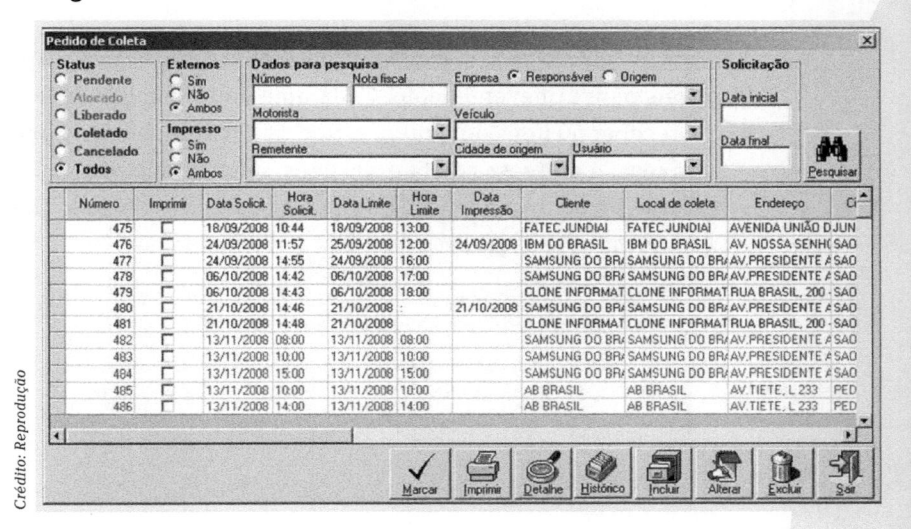

Esses sistemas, hoje, são fundamentais para as operações nos armazéns.

» Síntese

Neste capítulo, discorremos sobre a classificação de materiais, o código de barras e os sistemas de gerenciamento do armazém, analisando a importância dos códigos numéricos para a armazenagem e para os fluxos de materiais nos armazéns e no transporte. Além disso, compreendemos por que os sistemas de gerenciamento do armazém (WMS) são fundamentais para qualquer operação de armazenagem nos dias atuais.

» Exercício resolvido

Uma instalação de armazenagem apresenta dez posições disponíveis para armazenamento. Cada uma delas tem capacidade de receber 50 itens de qualquer tipo de produto recebido pela empresa. A empresa recebeu 330 itens, sendo 50 metálicos, 200 plásticos e 80 de madeira. Seguindo os conceitos de classificação de materiais, quantas posições serão ocupadas?

Solução:
Para resolver o problema, monte a seguinte tabela:

Itens	Quantidades
Metálicos	50
Plásticos	200
Madeira	80

Considerando a classificação de materiais, os itens devem ser agrupados de acordo com suas características. Nesse caso, a classificação é feita pelo tipo de material. Agora, você pode calcular:
» Metálicos:
  » Quantidade = 50
  » Capacidade = 50
  » Posição ocupada – 50/50 = 1
» Plásticos:
  » Quantidade = 200
  » Capacidade = 50
  » Posição ocupada – 200/50 = 4
» Madeira:
  » Quantidade = 80
  » Capacidade = 50
  » Posição ocupada = 80/50 = 1,6 = 2

Resposta: O número de posições ocupadas será 7.

» Questões para revisão

1) Quais os princípios utilizados na classificação de materiais?

2) O que é o Federal Supply Classification (FSC)?

3) Considere as informações destacadas a seguir:
   I. O código 39 é composto por um sistema alfanumérico.
   II. O GTIN 128 é utilizado em produtos comerciais, como um pacote de biscoitos.
   III. O GTIN 13 é usado em unidades logísticas que são formadas por vários itens.

   Estão corretas as informações:
   a. I.
   b. II.
   c. I e III.
   d. I e II.
   e. I, II e III.

4) Como é conhecido o sistema que utiliza *chips* para a gestão das informações dos produtos?
   a. Código de barras.
   b. RFID (Radiofrequência identificada).
   c. Sistema Dewey.
   d. Sistema decanumérico.
   e. GTIN 128.

5) O ERP é um sistema que permite gerenciar todos os programas dos diversos departamentos de uma empresa em uma base de dados única. O sistema ligado a armazenagem que pode ser integrado é conhecido como:
   a. RFID (Radiofrequência identificada).
   b. Código de barras.
   c. WMS (*Warehouse Management System*).
   d. Sistema Dewey.
   e. Todas as alternativas anteriores estão corretas.

Para concluir...

Este livro apresentou os principais aspectos da armazenagem estratégica. Durante a leitura, você pôde conhecer as estruturas utilizadas, os equipamentos de movimentação e a importância das embalagens, entre outros assuntos.

Além disso, ficou claro que a armazenagem é um processo cada vez mais estratégico para as empresas, pois permite guardar temporariamente os produtos, o que facilita o abastecimento do mercado consumidor e reduz os custos operacionais de distribuição. Anteriormente, a armazenagem era vista apenas como custo; contemporaneamente, no entanto, é considerada uma forma eficaz de balancear a oferta e a demanda e gerar valor aos produtos.

Como você pôde perceber, a armazenagem é um tema extremamente amplo, razão por que não temos a pretensão, nesta obra, de esgotar o assunto, mas fornecer uma base teórica para que você complemente seus estudos e, em situações práticas, possa sedimentar os conhecimentos adquiridos aqui.

Ficou claro que a palavra do século XXI é *logística* e, sem dúvida, a armazenagem tem um papel especial no desenvolvimento do processo logístico. Precisamos, portanto, vê-la sob a ótica do papel que desempenha no cotidiano das empresas e do mundo.

» Referências

ABRE – Associação Brasileira de Embalagem. *Diretrizes de sustentabilidade para a cadeia produtiva de embalagens e bens de consumo*. 3. ed. Comitê de Meio Ambiente e Sustentabilidade, 2011. Disponível em: <http://www.abre.org.br/downloads/cartilha_diretrizes.pdf>. Acesso em: 25 mar. 2015.

AGAPITO, N.; PRUDÊNCIO, E. S. Processo de armazenamento, transporte e distribuição de produtos em uma indústria de laticínios. In: ENCONTRO NACIONAL DE ENGENHARIA DE PRODUÇÃO, 28., 2008, Rio de Janeiro. *Anais...* Rio de Janeiro: Enegep, 2008. Disponível em: <http://www.abepro.org.br/biblioteca/enegep2008_TN_STO_069_492_11188.pdf>. Acesso em: 7 maio 2015.

ANTT – Agência Nacional de Transportes Terrestres. *Manual de procedimentos de fiscalização do transporte rodoviário de produtos perigosos – TRPP*. 2013. Disponível em: <http://www.antt.gov.br/html/objects/_downloadblob.php?cod_blob=11000>. Acesso em: 25 mar. 2015.

BALLOU, R. H. *Gerenciamento da cadeia de suprimentos/logística empresarial*. 5. ed. Porto Alegre: Artmed, 2006.

BANZATO, J. M. et al. *Atualidades da armazenagem*. São Paulo: Imam, 2003.

BRASIL. Ministério do Trabalho e Emprego. Norma Regulamentadora n. 11, de 8 de junho de 1978. *Diário Oficial da União*, Poder Legislativo, Brasília, DF, 6 jul. 1978. Disponível em: <http://portal.mte.gov.br/data/files/FF8080812BE914E6012BEF1FA6256B00/nr_11.pdf>. Acesso em: 25 mar. 2015.

BRASIL. Ministério do Trabalho e Emprego. Portaria n. 25, de 15 de outubro de 2001. *Diário Oficial da União*, Poder Legislativo, Brasília, DF, 17 out. 2001. Disponível em: <http://portal.mte.gov.br/data/files/FF8080812BE914E6012BEF454E56574C/p_20011015_25.pdf>. Acesso em: 25 mar. 2015.

CEMPRE – Compromisso Empresarial para Reciclagem. Cargill expande reciclagem de óleo de cozinha. *Cempre Informa*, n. 135, maio/jun. 2014. Disponível em: <http://cempre.org.br/cempre-informa/id/12/cargill-expande-reciclagem-de-oleo-de-cozinha->. Acesso em: 25 mar. 2015.

_____. *Fichas técnicas*: materiais recicláveis. Disponível em: <http://cempre.org.br/artigo-publicacao/ficha-tecnica>. Acesso em: 25 mar. 2015.

CHRISTOPHER, M. *Logística e gerenciamento da cadeia de suprimentos*. 3. ed. São Paulo: Cengage Learning, 2011.

CODEBA – Companhia das Docas do Estado da Bahia. *Norma sobre movimentação, armazenagem e transporte de produtos perigosos*: código P.02.03, DEX., n. 443. 13 fev. 2012. Disponível em: <http://www.codeba.com.br/eficiente/repositorio/Codeba/Documentos/Publicacoes/2545.pdf>. Acesso em: 7 maio 2015.

CORRÊA, H. L.; CAON, M. *Gestão de serviços*. São Paulo: Atlas, 2009.

CSCMP – Council of Supply Chain Management Professionals. Disponível em: <http://cscmp.org/aboutcscmp/definitions.asp>. Acesso em: 25 mar. 2015.

FERREIRA, A. B. de H. *Novo dicionário Aurélio da língua portuguesa*. 3. ed. Curitiba: Positivo, 2004.

FIESP – Federação das Indústrias do Estado de São Paulo. Equipamentos de movimentação. *Portal Fiesp*, São Paulo, 2011. Disponível em: <http://www.fiesp.com.br/transporte-e-logistica/equipamentos-de-movimentacao>. Acesso em: 25 mar. 2015.

FRANCISCHINI, P. G.; GURGEL, F. A. *Administração de materiais e patrimônio*. 2. ed. São Paulo: Cengage Learning, 2013.

GILBERT, M. *A Segunda Guerra Mundial*: os 2.174 dias que mudaram o mundo. São Paulo: Casa da Palavra, 2014.

GS1 BRASIL – Associação Brasileira de Automação. *Código de barras e RFID*. São Paulo: GS1 Brasil, 2015.

GS1 PERU. *Aspectos técnicos de la codificación GS1*: ubicación del código GS1 en las unidades logísticas de carga paletizada. Disponível em: <http://www.gs1pe.org/codificacion/asp_tec_ubica.html>. Acesso em: 25 mar. 2015.

GUARDEAQUI SELF STORAGE. Armazenamento de vinho: como armazenar. *Blog do Guardeaqui*, 19 fev. 2013. Disponível em <http://www.guardeaqui.com/blog/armazenamento-de-vinho-como-armazenar>. Acesso em: 25 mar. 2015.

GUARNIERI, P. et al. WMS – Warehouse Management System: adaptação proposta para logística reversa. *Produção*, v. 16, n. 1, p. 126-139, jan./abr. 2006. Disponível em: <http://www.scielo.br/pdf/prod/v16n1/a11v16n1>. Acesso em: 7 maio 2015.

GUIA LOG. *Paletes*. Disponível em: <http://www.guialog.com.br/paletes.htm>. Acesso em: 25 mar. 2015.

GURGEL, F. A. *Administração da embalagem*. São Paulo: Cengage Learning, 2007.

KELLER, K. L.; MACHADO, M. *Gestão estratégica de marcas*. São Paulo: Pearson Education do Brasil, 2006.

LARRAÑAGA, F. A. *A gestão logística global*. São Paulo: Aduaneira, 2008.

MESTRINER, F. *Gestão estratégica de embalagem*: uma ferramenta de competitividade para sua empresa. São Paulo: Pearson Prentice Hall, 2007.

MOURA, R. A. *Manual de logística*: armazenagem e distribuição física. São Paulo: Imam, 2006.

NATURA EKOS. *Portal Natura Ekos*. Disponível em: <http://naturaekos.com.br>. Acesso em: 25 mar. 2015.

NESTLÉ BRASIL. Disponível em: <http://www.nestle.com.br>. Acesso em: 7 maio 2015.

NOVAES, A. G. *Logística e gerenciamento da cadeia de distribuição*. 3. ed. São Paulo: Elsevier, 2007.

PORTER, M. E. *Competição*. 11. ed. Rio de Janeiro: Campus, 2009.

POZO, H. *Administração de recursos materiais e patrimoniais*: uma abordagem logística. 6. ed. São Paulo: Atlas, 2010.

RAZZOLINI FILHO, E. *Gerência de produtos para a gestão comercial*: um enfoque prático. Curitiba: InterSaberes, 2012.

RODRIGUES, P. R. A. *Gestão estratégica da armazenagem*. 2. ed. São Paulo: Aduaneiras, 2007.

ROMEIRO FILHO, E.; MIGUEL, P. A. C. O projeto de embalagem. In: ROMEIRO FILHO, E. (Org.). *Projeto do produto*. Rio de Janeiro: Campus, 2010. p. 272-281.

SLACK, N.; CHAMBERS, S.; JOHNSTON, R. *Administração da produção*. São Paulo: Atlas, 2009.

TIGERLOG. *A história da logística*. Disponível em: <http://www.tigerlog.com.br/impressao.asp?pag_id_pagina=19&cnt_id_conteudo=25>. Acesso em: 25 mar. 2015.

VIANA, J. J. *Administração de materiais*: um enfoque prático. São Paulo: Atlas, 2000.

WPO – World Packaging Organisation. *Marketing statistic and future trends in global packaging*. 2008. Disponível em: <http://www.worldpackaging.org/i4a/doclibrary/index.cfm?category_id=4>. Acesso em: 25 mar. 2015.

» Respostas

»»» Capítulo 1

»»»» Questões para revisão

1) Podemos definir a **logística empresarial** como a parte da cadeia de suprimentos responsável por planejar, implementar e controlar o fluxo de mercadorias desde a origem até o ponto de consumo, de maneira eficiente e eficaz, de modo a garantir a satisfação do cliente final. A logística lida com a obtenção, o transporte, a gestão dos estoques e a tudo que se refere ao fluxo e à manutenção das mercadorias, seja a matéria-prima, sejam os produtos acabados, com o objetivo de colocar o produto certo, no local certo e no momento certo, para que tenha valor ao cliente.
2) As cadeias de abastecimento e distribuição são o conjunto de atores responsáveis por transformar a matéria-prima em produtos acabados que gerem valor ao cliente; a logística é responsável por interligar esses atores com atividades de transporte e armazenagem.
3) **d. Justificativa**: a produção gera valor ao cliente por meio da forma.
4) **b**
5) **c**

>>> Capítulo 2

>>>> Questões para revisão

1) Armazenagem é a parte da logística responsável pela guarda temporária de produtos em geral (acabados, matérias-primas, insumos, componentes etc.).
2) O *postponement* consiste em manter um produto genérico pelo maior tempo possível na cadeia de distribuição.
3) **c. Justificativa**: a compra de mercadoria pode acontecer mesmo em empresas sem áreas de armazenagem.
4) **c**
5) **d**

>>> Capítulo 3

>>>> Questões para revisão

1) 1ª. Veículos industriais; 2ª. equipamentos de elevação e transferência; 3ª. transportadores contínuos; 4ª. embalagens, recipientes e unitizadores.
2) O PEPS ("O primeiro que entra é o primeiro que sai") representa a ordem de entrada e saída de materiais no armazém, no qual as primeiras mercadorias a entrar no armazém devem ser as primeiras a sair para expedição, de modo a garantir a não obsolescência do item.
3) **c. Justificativa**: os porta-paletes dinâmicos possuem roletes em sua estrutura e o porta-paletes tradicional não.
4) **d**
5) **a**

>>> Capítulo 4

>>>> Questões para revisão

1) O manuseio de mercadorias dentro das instalações de armazenagem é um componente importante e essencial da atividade de logística, porque garante a qualidade dos materiais e sua preservação durante o período de armazenagem.
2) A movimentação interna dentro do armazém ocorre após o processo de conferência, de liberação da mercadoria no estoque e de endereçamento da carga. O manuseio diz respeito à atividade de manejar o produto, seja envasado, seja embalado, e a movimentação trata do deslocamento da mercadoria da área de recepção para o local em que ficará armazenado, bem como do deslocamento desse ponto até a área de expedição. Em resumo, dentro do armazém, ocorrem dois fluxos de mercadorias que dão origem a duas necessidades de movimentação da mercadoria interna: o fluxo de entrada e o de saída.
3) b
4) c. Justificativa: todos os envolvidos com a movimenação de produtos perigosos deve fazer o curso Movimentação Operacional de Produtos Perigosos (MOPP)
5) a

>>> Capítulo 5

>>>> Questões para revisão

1) A embalagem é um recipiente ou envoltura que armazena produtos temporariamente, individualmente ou agrupando unidades, tendo como principal função protegê-los

e estender o seu prazo de vida (*shelf life*), viabilizando sua distribuição, identificação e consumo.

2) Acondicionar o produto, proteger o produto, permitir o transporte do produto, atrair atenção dos clientes, transmitir informações, despertar desejo de compra, oferecer oportunidade de comunicação do produto, dar destaque para ações promocionais, auxiliar a construir a marca do produto, formar conceito sobre o fabricante, agregar valor ao produto, propiciar expressão da cultura e do estágio de desenvolvimento de empresas e países.
3) **e**
4) **e. Justificativa**: não existem embalagens de substituição.
5) **d**

⟫⟫ Capítulo 6

⟫⟫⟫ Questões para revisão

1) **Princípio arbitrário** – Nesse sistema, os itens são classificados sequencialmente quando entram no estoque.
   Princípio arbitrário fichado – Nesse sistema, os itens são classificados de acordo com as características do material e do grupo a que pertencem.
   Princípio simbólico – Nesse sistema, o objetivo é facilitar a memorização, razão por que é incluído um código alfanumérico e outro mnemônico.
   Princípios dos números de projeto – Nesse sistema, a classificação segue números de projeto.
2) É um sistema desenvolvido pelo Departamento de Defesa dos Estados Unidos, com o objetivo de estabelecer e manter um sistema uniforme de identificação, codificação e catalogação para todos os órgãos componentes de sua estrutura.

3) **a. Justificativa**: O GTIN 128 só é utilizado em unidades logísticas e o GTIN 13 apenas em produtos comerciais unitários.
4) **b**
5) **c**

Sobre o autor

João Gilberto Mendes dos Reis, é natural de São Paulo, graduado em Logística pela Faculdade de Tecnologia da Zona Leste (FATECZL), mestre, doutor e pós-doutor em Engenharia de Produção, pela Universidade Paulista (Unip). Trabalhou por vários anos na área de transportes, no setor de manutenção e armazenagem, em empresas como a Companhia Metropolitana de São Paulo (Metrô) e a Companhia de Gás do Estado de São Paulo (Comgás). Como professor, ministrou aulas nos cursos de Administração, Logística e Engenharia de Produção de importantes universidades, como a Fundação Armando Alvares Penteado (Faap), as Faculdades de Tecnologia da Zona Leste e de Guarulhos (ambas pertencentes ao Centro Estadual de Educação Tecnológica Paula Souza), a Faculdade Drummond, a Universidade Camilo Castelo Branco (Unicastelo) e a Universidade Federal da Grande Dourados (UFGD). Atualmente, é professor titular do Programa de Pós-Graduação em Engenharia de Produção da Unip e colaborador no Programa de Pós-Graduação em Agronegócios da UFGD. Atua em projetos e consultorias na área de logística.

» Anexo

Classe 1 – Explosíveis

Classe 2 – Gases

Classe 3 – Líquidos Inflamáveis

Classe 4 – Sólidos Inflamáveis

Crédito: Elaborado com base em Fotolia

⌐ – Substâncias Oxidantes e Peróxidos Orgânicos

Classe 6 – Substâncias Tóxicas e Substâncias Infectantes

Classe 7 – Materiais Radioativos

Classe 8 – Substâncias Corrosivas

Classe 9 – Substâncias e Artigos Perigosos Diversos

Crédito: Elaborado com base em Fotolia

Os papéis utilizados neste livro, certifi[c]
instituições ambientais competentes, são
provenientes de fontes renováveis e, portant[o]
responsável e natural de informação e conhe[cimento]

FSC
www.fsc.org
MISTO
Papel produzido
a partir de
fontes responsáveis
FSC® C103535

Impressão: Reproset
Maio/2021